GÉNIE DE LA FRANCE

Abdennour Bidar

GÉNIE DE LA FRANCE

Le véritable sens de la laïcité

Albin Michel

À mes enfants,
et à Inès

« Vous voyez, la France n'est pas prête pour la laïcité parce qu'elle n'a pas encore fait le chemin de l'intériorité. La vraie laïcité, c'est l'intériorité. »

François Mitterrand,
cité par Marie de Hennezel,
Croire aux forces de l'esprit

« Nos hommes pressés n'ont pas pris garde que l'animal symbolique n'est comblé que par l'Absence. »

Régis Debray, *Le Feu sacré*

« Les trente rayons convergent vers le moyeu :
il faut du vide pour que la roue puisse tourner.
On monte l'argile pour façonner les vases,
il faut du vide pour qu'ils puissent contenir.
On perce portes et fenêtres dans les maisons,
il faut du vide pour qu'elles puissent abriter.
La matière est utile, mais c'est de son absence
que naît le fonctionnement des choses. »

Lao-Tseu, *Le Livre de la Voie*

Avant-propos

Qu'est-ce que le génie d'une nation ? Une grandeur propre, un esprit singulier, unique, qui s'exprime progressivement au fil de l'Histoire dans son mode de vie, sa culture, sa langue, ses valeurs, ses grands personnages, hommes et femmes, qui exaltent cet esprit en l'incarnant tout entier dans leur personne, leurs idées, leurs actes, leurs combats.

On se souvient de ce que disait Fustel de Coulanges dans *L'Alsace est-elle allemande ou française ?* : « Ce qui distingue les nations, ce n'est ni la race, ni la langue. Les hommes sentent dans leur cœur qu'ils sont un même peuple lorsqu'ils ont une communauté d'idées, d'intérêts, d'affections, de souvenirs et d'espérances. Voilà ce qui fait la patrie[1]. » On se rappelle également, dans le même sens, les mots d'Ernest Renan : « La nation est une âme, un principe spirituel. Deux choses qui, à vrai dire, n'en font qu'une, constituent cette âme, ce principe spirituel. L'une

---

1. Fustel de Coulanges, *L'Alsace est-elle allemande ou française ?*, 1870.

est dans le passé, l'autre dans le présent. L'une est la possession en commun d'un riche legs de souvenirs ; l'autre est le consentement actuel, le désir de vivre ensemble, la volonté de continuer à faire valoir l'héritage qu'on a reçu indivis [...] Une nation est donc une grande solidarité, constituée par le sentiment des sacrifices qu'on a faits et de ceux qu'on est disposé à faire encore. » Il concluait : « Je me résume, Messieurs. L'homme n'est esclave ni de sa race, ni de sa langue, ni de sa religion, ni du cours des fleuves, ni de la direction des chaînes de montagne. Une grande agrégation d'hommes, saine d'esprit et chaude de cœur, crée une conscience morale qui s'appelle une nation[1]. »

Y a-t-il, en ce sens-là, une « âme » de la France ? Un esprit ou génie propre de notre pays qui soit d'abord pour nous un « héritage » ? Renan parle de « volonté » de faire vivre cet héritage. Je parlerais tout autant de responsabilité. De quel génie de la France serions-nous donc les héritiers, que nous aurions aujourd'hui la responsabilité d'abord de comprendre pour ensuite le faire vivre et le transmettre aux générations qui viennent ?

L'interrogation, exaltante, paraîtra pourtant inutile, car totalement dépassée, à ceux qui considèrent qu'en ce début de XXIe siècle les notions mêmes de « peuple » et de « nation » sont obsolètes dans le village global où nous vivons tous interconnectés. Ont-ils raison ? Les identités historiques des peuples sont-elles encore une réalité ? Les frontières qui séparaient ces peuples sont devenues très

1. Ernest Renan, *Qu'est-ce qu'une nation ?*, 1882.

relatives, la vie des uns et des autres étant désormais intégrée dans des ensembles politiques, échanges économiques et réseaux culturels à l'échelle planétaire. La standardisation du monde humain est telle que, où que l'on se trouve sur la planète, la culture propre de chaque peuple ne possède plus le même caractère, la même unicité qu'auparavant. Quant à l'idée de nation et de sa souveraineté, qu'en reste-t-il au-delà d'une croyance et d'une symbolique ? Les véritables détenteurs du pouvoir sont-ils encore les États-nations ou bien ceux-ci ne sont-ils plus qu'une tête parmi d'autres de ces hydres que sont les puissances supérieures des multinationales, des fonds de pension géants et autres GAFAM [1] ? Et puis il y a l'Europe, qui fait même juger suspecte cette question d'un esprit ou génie propre de la France. Il n'y aurait là qu'une tentation *forcément réactionnaire* de repli sur soi, et le chant du cygne d'une vanité française encore attachée au fantasme d'une « destinée singulière » de notre pays parmi les nations, d'une vocation de « phare de l'humanité » que la France continuerait d'avoir dans le monde, envers et contre tout. Enfin, cette affirmation obstinée d'un génie de la France toujours actuel, toujours vivant, toujours d'avenir, ne manquera pas d'être psychanalysée par d'autres encore comme symptôme de l'angoisse du « pays profond » face à la mutation radicale de son identité historique, bouleversée non seulement par tout ce qu'on vient

1. Acronyme des géants du Web : Google, Amazon, Facebook, Apple et Microsoft.

d'évoquer mais aussi par l'ampleur de sa nouvelle « diversité » multiculturelle interne.

J'entends ces objections mais ne m'y rallie pas. Non, la méditation sur la France, son génie ou son esprit, n'est ni anachronique ni caduque. C'est même strictement l'inverse. Non seulement l'immersion dans le village global ne frappe pas d'obsolescence notre interrogation sur ce génie propre mais elle la rend plus nécessaire que jamais, si toutefois nous voulons éviter de nous perdre totalement dans la mondialisation, c'est-à-dire de subir celle-ci comme une *dilution* pure et simple de nous-mêmes et comme une *aliénation* par tout ce qui nous entraîne au-delà de notre identité historique. Si tous les peuples se laissaient ainsi absorber et assimiler, que se produirait-il en effet ? Ils se mélangeraient jusqu'à leur amalgame complet dans une culture mondiale totalement indifférenciée. Or, lorsqu'on observe l'alignement des modes de vie dans la sous-culture consumériste planétaire, force est de constater que nous ne sommes plus très loin de former la masse indistincte d'une telle mixture.

Le fait, par conséquent, de renouveler l'intelligibilité du génie français n'est pas contre la globalisation mais à son service : c'est *la condition*, si les différents peuples font ce même effort, pour que cette globalisation puisse être demain autre chose que la tristesse infinie de la réplication indéfinie du même modèle à l'échelle de la planète. Notre responsabilité éthique et culturelle envers la mondialisation est ainsi de faire vivre notre propre génie français d'une façon suffisamment actualisée et ouverte pour qu'il apporte sa contribution la plus singulière à cette mondialisation.

Ce faisant, nous remplirons également un devoir éthique envers nous-mêmes, en évitant deux irresponsabilités extrêmes : *nous oublier totalement dans le présent*, perdre de vue nos racines, abandonner notre mémoire, trahir notre héritage, et nous condamner alors à n'être plus qu'une ruelle anonyme du village global ; ou bien, à l'opposé, *refuser aveuglément le présent* pour nous donner l'illusion impossible que la forme passée de notre identité nous suffit et qu'elle reste vivante, inchangée, alors qu'elle a été irréversiblement transformée durant ces dernières décennies.

Deux extrêmes, et donc deux défis : le défi de ne pas se diluer dans la masse devenue informe d'un monde uniforme ; le défi de ne pas se réfugier dans le fantasme mortifère d'un passé disparu. Trouver la mesure, la bonne tension entre conscience de soi et ouverture au monde, héritage et projet, fidélité et mouvement. C'est la raison pour laquelle je parlerai ici du *génie* de la France, ou de son *esprit*, plutôt que de son identité. La notion d'identité, outre qu'elle est devenue très polémique, me paraît en effet beaucoup trop *statique*. Elle suggère quelque chose de fixe, d'immobile et qui se fantasme comme un immuable, tandis que les concepts de *génie* et d'*esprit* évoquent quelque chose d'infiniment plus *dynamique*, qui correspond bien à cette responsabilité, la plus décisive maintenant, qui est la nôtre en tant que nation : savoir nous perpétuer en nous réinventant, savoir accueillir nos mutations et tout ce qui nous traverse non pas comme autant de *menaces* mais comme des opportunités de régénération, un afflux de sang neuf dans les veines de notre vieux pays ; être capables de voir dans le miroir du présent le reflet le plus inédit de notre visage de toujours ; être les héritiers créateurs de notre propre génie, en lui donnant les moyens d'une nouvelle conscience de soi, d'un nouvel éveil !

Nous en sommes capables. C'est d'ailleurs ce que nous avons déjà entrepris à notre manière caractéristique, éruptive, bouillonnante, désordonnée, conflictuelle. Voilà, en effet, qu'à nouveau depuis quelques années la bataille fait rage autour de cette fameuse « identité française » si polémique, qui s'est installée en tête de tous nos débats, médiatiques, politiques, intellectuels, et qui sera, à n'en pas douter, un enjeu majeur de l'élection présidentielle de 2022.

La guerre est à présent déclarée entre deux camps ennemis : ceux qui se saisissent de cette identité comme d'un étendard contre l'« invasion migratoire », le « péril islamiste », le « séparatisme » mais aussi l'Europe « technocratique et ultralibérale », et, dans tout cela, le « suicide » programmé de notre culture et le « renoncement » à nos valeurs ; et ceux qui dénoncent dans ces discours une nostalgie « suprémaciste », « blanche et chrétienne », qu'ils estiment réactionnaire, néocoloniale, raciste, attachée à une vision arriérée de l'identité française qu'elle enferme dans la fausse « alternative stricte : ou bien l'unité et l'identité nationales *telles qu'elles sont*, ou bien la dissolution, la crise, la décadence, la mort[1] ». Identitaires contre indigénistes,

1. Pierre-André Taguieff, « L'identité française et ses ennemis : le traitement de l'immigration dans le national-racisme français », *L'Homme et la Société*, n° 77-78, 1985, p. 179.

« Je suis Charlie » contre « Je ne suis pas Charlie », « islamophobes » contre « islamo-gauchistes », et puis aussi souverainistes contre européanistes et atlantistes, anticapitalistes contre libéraux, conservateurs contre progressistes, etc. Chacun a son idée de la France, et c'est au nom maintenant de cette idée qu'il a décidé de *dire non* et de se lever contre tous ceux qui seraient en train de la « trahir » ou de la « salir ».

Je ne me tiendrai pas ici, comme jadis Romain Rolland, « au-dessus de la mêlée [1] ». Mais j'irai voir et vous emmènerai au cœur même de cette mêlée. Non pas donc pour participer à la bataille en prenant parti pour telle ou telle de toutes ces idéologies qui se disputent aujourd'hui la juste vision de la France ; mon intention est tout autre. Ce que je vous propose est de nous interroger sur cette bataille elle-même, afin d'essayer de comprendre ensemble pourquoi la France est ainsi de nouveau, comme régulièrement dans son histoire ancienne et moderne, *ce pays écartelé, ce pays si divisé contre lui-même au sujet de ce qu'il est et de ce qu'il veut être.*

Au début du XXe siècle, parlant de ce qu'on appelait alors la « guerre des deux France », la catholique et la laïque, Jean Jaurès y voyait un « abîme effroyable » entre athées et croyants, expliquant que « dans l'apparente uniformité de la vie moderne, dans l'apparente familiarité de nos rapports, dans l'estime réciproque que nous avons, que nous affectons, que nous croyons avoir les uns pour les autres, du camp des incroyants au camp des croyants,

1. Romain Rolland, *Au-dessus de la mêlée* (1915), Payot & Rivages, 2013.

si chacun pousse ses principes jusqu'au bout, c'est un gouffre terrible qui se creuse. Pour moi, je ne pouvais pas lire les paroles de Newman[1] sans avoir une sorte de cauchemar, sans entrevoir sous les pas de tous les êtres humains misérables et fragiles qui se croient reliés par une communauté de sympathie et d'épreuves, sans entrevoir sous leurs pas un abîme effroyable prêt à se creuser[2] ».

Or aujourd'hui la multiplication de nos fractures idéologiques vient de rouvrir un nouvel « abîme effroyable », plus profond et béant que jamais. Allons-nous y sombrer corps et âme ? Ou bien serait-ce que la France ne peut s'interroger sur soi qu'en se tenant ainsi *au bord du plus grand vide* ? Et s'il y avait là, peut-être, l'indice non pas tant d'une fragilité fondamentale que de son génie propre ? D'un « génie de l'abîme » ? Ou, ce qui revient au même, d'un « génie qui dit non », d'un « génie critique » qui ne fait s'affronter en elle toutes les idéologies que pour rouvrir perpétuellement l'« abîme » en question ? Soit, mais alors qu'y aurait-il là qui nous attend, au cœur même de cet « abîme » ?

---

1. John Henry Newman (1801-1890), théologien majeur du catholicisme britannique, proclamé saint par le pape François le 13 octobre 2019.

2. « Pour la Laïque », discours de Jean Jaurès prononcé les 10 et 24 janvier 1910 à la Chambre des députés.

I.

L'énigme durable de notre destinée

1

Le pays qui dit non

Si le génie de la France existe, il est certainement multiple et nous n'aurons pas ici l'ambition démesurée d'en faire le tour. Notre représentation de nous-mêmes et le regard que les autres nations portent sur nous convergent assez bien sur quelques-uns de ses traits les plus aisément repérables : la France, c'est d'abord un art de vivre à plusieurs facettes, le temps accordé à la convivialité (les repas, la conversation), la place donnée à la culture, aux arts et aux lettres (le pays des musées et de la littérature), le romantisme (de ses paysages, des mœurs et de la galanterie françaises, des silhouettes si élégantes des femmes), le charme de tous les petits « pays » qui la composent (les différents terroirs avec chacun son accent, ses traditions, sa gastronomie), et enfin la forme de tempérance d'un pays réellement *tempéré*, pas seulement sur le plan du climat mais dans l'équilibre général de son existence, symbolisé par la forme même de son hexagone, et qui s'exprime aussi bien sur le plan géographique ou physique (la variété de ses terroirs) que dans un certain tempérament des hommes (passionnés mais raisonnables) ou des idées politiques (d'un conservatisme modéré).

Mais la « douce France » de Charles Trenet n'est pas que tempérance. Comme les volcans d'Auvergne en son centre, tout juste endormis mais pas éteints, elle est aussi puissamment animée par un esprit français éruptif, batailleur, indocile, libertaire, contestataire et désobéissant. Ce furieux « esprit libre penseur[1] » qui fut celui de Voltaire a enfanté le tumulte d'une longue tradition d'esprit critique, particulièrement irréligieux et anticlérical, et d'insurrection de la pensée comme de la liberté face à toutes les dominations – celle de l'Église, celle des rois, celle aujourd'hui des « élites » –, une insurrection dont l'acmé fut cette Révolution française que Chateaubriand, épouvanté, décrivit comme l'accès de folie d'« un peuple marchant ivre à ses destins, au travers des abîmes, par des voies égarées[2] ». Cette Révolution demeure, encore aujourd'hui, notre principale signature dans la grande histoire du monde parce qu'elle est devenue l'emblème même d'un tempérament français foncièrement rebelle et, à travers lui, le symbole universel du renversement possible des puissances injustes par un peuple révolté et d'un triomphe possible de la justice face à l'oppression.

---

1. Expression par laquelle Philarète Chasles caractérisait au XIXe siècle le « vieil esprit français », celui de la Renaissance. Cité par François Roudaut, « Quelques remarques sur un objet imprécis : l'esprit français au XVIe siècle », *Revue des Deux Mondes*, octobre 2019, p. 82.

2. Chateaubriand, *Mémoires d'outre-tombe* (1848), Livres I à XII, Livre de Poche, 2007, p. 554.

Depuis 1789, toute personne qui lutte quelque part sur la planète pour conquérir la reconnaissance de ses droits ne se sent-elle pas, par identification, un peu française ?

Le génie de la France se partage ainsi curieusement, contradictoirement, entre une douceur et une tempérance au long cours et des phases héroïques (la Révolution, le Front populaire, la Résistance) qui le révèlent comme esprit de combat, esprit guerrier… Un esprit guerrier qui n'a pas mené que des guerres justes, loin de là, lorsqu'il s'est égaré dans les conquêtes napoléoniennes ou coloniales. Un esprit guerrier qui n'a pas eu cependant que cette folie des grandeurs mais aussi la vraie grandeur de résister à ceux qui ont voulu envahir et soumettre notre territoire, de l'occupation anglaise après la défaite d'Azincourt en 1415 jusqu'à l'occupation nazie au XXe siècle. Dans ces grandes heures, c'est alors l'esprit d'un peuple qui s'enflamme et se cabre aussitôt qu'on veut le faire obéir, qui se soulève dès qu'on veut lui ôter sa liberté, qui entre en résistance dès qu'on veut le déclarer vaincu et asservi. C'est l'esprit d'un peuple qui ne veut pas et n'acceptera jamais de capituler, de se rendre, de reconnaître sa défaite et sa vassalisation. Aux pires heures, quand ses chefs l'ont trahi en signant les papiers d'une honteuse défaite et que la masse courbait l'échine, toujours quelques-uns se sont insurgés pour sauver en même temps l'esprit de ce peuple et la liberté de la France. Qu'on se souvienne ainsi du refus par le peuple de Paris de l'armistice de janvier 1871 avec la Prusse, ou de l'armistice du 22 juin 1940 aussitôt dénoncé comme scélérat par de Gaulle. Toute la France est là dans ce « non » radical à l'*indignité* du renoncement à se battre.

Pour savoir si le génie de la France est bien vivant à telle ou telle époque, pas de meilleur critère : si d'aventure notre peuple dort tranquille sous l'oppression, comme jadis avec l'occupant nazi, c'est qu'il n'est plus à la hauteur de lui-même ; si au contraire il se bat, c'est qu'il se retrouve. Le général de Gaulle a dit à Londres en 1941 : « Il y a un pacte vingt fois séculaire entre la grandeur de la France et la liberté du monde[1]. » Il fut pendant la Seconde Guerre mondiale l'incarnation moderne la plus puissante, dans un homme, de cet esprit français qui n'acceptera jamais de se soumettre, et qui tire son origine majeure de la vertu cardinale de la chevalerie : l'honneur, cet honneur légendaire du chevalier Bayard qui, au temps de Louis XII et de François Ier, personnifia une chevalerie française se battant héroïquement jusqu'au sacrifice, « sans peur et sans reproche » ; cet honneur qui fait dire : « Plutôt mort que soumis » et : « Tant qu'il me restera un souffle de vie, je me battrai ». C'est ainsi que dans son Appel du 18 juin 1940, seul ou presque, sans armée, sans soutien politique encore d'une puissance alliée, le général de Gaulle en digne héritier de cette chevalerie lointaine a dit non.

1. Charles de Gaulle, discours du 1er mars 1941 à la réunion des Français de Grande-Bretagne, cité dans *Extraits choisis pour l'Institut Charles de Gaulle pour l'avenir*, Plon, 1973, p. 287.

Un esprit hyper critique

Toute la France est dans ce « non », qui ne s'est cependant pas manifesté que sur un plan politique. Ce « non », en effet, caractérise aussi bien la pensée française, au moins à partir du grand scepticisme de René Descartes. Ce « cavalier français qui partit d'un si bon pas », comme avait dit Charles Péguy, entreprit de douter ni plus ni moins que de la totalité du réel. Un doute aussi rationnel qu'insensé – méthodique, universel et radical, disaient nos professeurs de philosophie. Un doute hors normes, hyperbolique, hyper critique, éminemment français par son refus absolu de se soumettre à ce qui veut s'imposer à l'être humain de la façon *a priori* la plus incontestable et invincible : l'évidence de la réalité même du monde et de l'existence. Descartes se mit ainsi à douter de ce qui semble l'indubitable même ! Car il ne voulait pas subir la domination de la réalité du monde comme un fait auquel on doit se résoudre. Non, disait-il dans ses *Méditations métaphysiques*, rien ne peut me forcer à croire en la réalité même du « réel » ; car hormis le fait que je suis un être pensant, tout est peut-être illusion, simple songe de cet être pensant. Bien plus tard, l'autre nom qui symbolise la pensée française hors de nos frontières, Jean-Paul Sartre, accomplira exactement le même type de geste avec son existentialisme : en affirmant que l'homme existe d'abord et avant tout comme liberté absolue, il dira en effet que nulle force au monde, ni même la totalité du monde, ne saurait l'empêcher d'être libre, et que la domination sur nous de l'adversité, quelle qu'elle soit, ne peut pas nous servir d'excuse si nous n'y parvenons pas.

Tandis que les philosophes allemands, de Leibniz à Hegel, se caractérisent par leur capacité à produire des systèmes de pensée, leurs homologues français sont à l'inverse, de siècle en siècle, de Montaigne au XVIe siècle jusqu'aux modernes Michel Foucault ou Jacques Derrida en passant donc par Descartes, des esprits hyper critiques ; de grands « déconstructeurs » de tout ce qui veut dominer notre esprit et de nos certitudes humaines les mieux ancrées, les plus *a priori* au-dessus de tout soupçon ; de grands pratiquants de cette *ironie* qui toujours décèle la faille, l'illusion, la vanité ou l'inanité dans la multitude de représentations que l'homme construit. Guy de Maupassant écrivit en ce sens à propos de nos littérateurs, et non pas seulement de nos philosophes, que « ce qui demeure, c'est l'esprit, dans le sens large du mot, l'esprit français, ce grand souffle ironique ou gai répandu sur notre peuple depuis qu'il pense et parle, c'est la verve terrible de Montaigne et de Rabelais, l'arme aiguë de Voltaire et de Beaumarchais, le fouet de Saint-Simon [1] ». Chez tous ceux-là qu'il salue, comme chez les moralistes du Grand Siècle – La Fontaine, La Bruyère, La Rochefoucauld, et Molière bien sûr –, l'esprit critique se fait satire mordante, dérision cruelle parce qu'elle sait révéler le dessous des cartes, faire tomber les masques, faire chuter les statues de leur piédestal, ausculter le fond

1. Guy de Maupassant, « L'esprit en France », *Le Gaulois*, 19 juin 1881.

des âmes et ainsi débusquer, quand ils s'y cachent, la superstition, la passion triviale, le mobile narcissique, l'hypocrisie parfois qui peuvent motiver en profondeur nos plus nobles idéaux, vertus, valeurs et croyances, de telle sorte que soudain l'aura sacrée dont nous les avions parés s'avère de la poudre aux yeux.

Il revient peut-être à Blaise Pascal d'avoir donné au XVIIe siècle le motif le plus profond de cette pensée française de la déconstruction, démystification et démythification : c'est un acte de courage et un exercice de lucidité. Pourquoi en effet notre esprit libre penseur déconstruit-il tout ? Pourquoi Pascal lui-même, *pourtant chrétien si fervent*, prend-il autant de soin à *désacraliser* tout ce que nous sacralisons en nous invitant à réaliser que c'est seulement notre imagination qui rend un certain nombre de choses si impressionnantes ? « Qui donne, écrivait-il, le respect et la vénération aux personnes, aux ouvrages, aux lois, aux grands, sinon cette faculté imaginante ? » C'est l'« imagination » qui, « maîtresse d'erreur et de fausseté », « dispose de tout ; elle fait la beauté, la justice, et le bonheur, qui est le tout du monde[1] ». L'auteur des *Pensées* nous rend ainsi plus lucides sur ce travers humain général qui nous fait accorder une valeur, un prestige, une autorité supérieurs à ce qui exerce sur nous un tel pouvoir de fascination. Mais il explique en outre pourquoi nous tenons tant à nos illusions : c'est qu'elles font croire que nous pouvons échapper à notre condition.

1. Blaise Pascal, *Pensées, Œuvres complètes*, Gallimard, « Bibliothèque de la Pléiade », 1954, p. 1116.

Celle-ci est en effet non seulement « faible et misérable » mais à peu près insupportable à accepter ou à assumer comme telle. Rien n'est donc plus tentant que d'imaginer que nous pourrons la dépasser, nous en échapper, fuir la souffrance, la finitude et la mort, grâce à tout ce que notre imagination idéalise et érige en image de l'Absolu. Or, dit Pascal, en réalité rien de tout cela ne pourra rien pour nous ! Aucune des sublimes Idées auxquelles on tente de se raccrocher ne fera s'arrêter le temps qui passe ni ne nous sauvera de la mort, et « quelque terme où nous pensions nous attacher et nous affermir, il branle, et nous quitte, et si nous le suivons il échappe à nos prises, il nous glisse et fuit d'une fuite éternelle ; rien ne s'arrête pour nous » ; tel est sans échappatoire « l'état qui nous est naturel et toutefois le plus contraire à notre inclination » et « c'est pourquoi nous brûlons du désir de trouver [...] une dernière base constante pour y édifier une tour qui s'élève à [l']infini, mais tout notre fondement craque et la terre s'ouvre jusqu'aux abîmes [1] ».

Un esprit profanateur

« Jusqu'aux abîmes ». *Rien n'est assez sacré* pour que l'esprit français le laisse intact, ne s'y attaque pas et ne le précipite pas tête la première dans ces « abîmes » que sont les cimetières de nos certitudes. C'est même tout le

1. Blaise Pascal, « Disproportion de l'homme », *Pensées, fragments et lettres*, Andrieux Éditeur, 1814, p. 71.

contraire. *Plus une chose est sacralisée*, plus il jubile de la faire chuter de son piédestal, en la dénonçant comme illusion parmi les illusions. C'est un esprit profanateur qui vise sans doute moins le sacré lui-même, dans son mystère, que ses images. Car nos images du sacré – une vérité absolue, un bien suprême, tel idéal de justice – sont précisément le remède et refuge favori de nos angoisses, cette « dernière base constante » dont parle ici Pascal, c'est-à-dire cette *certitude des certitudes* sur laquelle on va s'illusionner pour bâtir dessus le château de cartes de toutes nos autres idoles – « pour y édifier une tour qui s'élève à [l']infini », écrit-il. Nous sommes presque invinciblement tentés de sacraliser aussi bien les dogmes de notre religion que nos systèmes de valeurs ou les grands principes de nos sociétés parce qu'en les considérant ainsi comme « sacrés », c'est-à-dire comme intangibles, indiscutables ou intouchables, nous pensons pouvoir nous mettre à l'abri de l'éphémère et de la dérision de nos vies. La sacralisation de nos représentations, de nos images mentales est le plus vieux stratagème, le plus grand refuge de notre besoin de certitude. Nous avons un besoin quasi irrépressible d'idoles à adorer. Or c'est *essentiellement* face à cette *illusion sur l'essentiel* que se manifeste le génie de l'esprit français : son art de la déconstruction est un pouvoir de désacralisation… En ce sens-là, précisons-le d'emblée, il est foncièrement laïque, et il le fut bien avant l'apparition même de la notion de laïcité au XIXe siècle : laïque, c'est-à-dire non pas antireligieux, ni hostile au sacré lui-même, mais d'une virulence critique extrême à l'égard de tout ce qui, du côté de la religion ou de toute autre vision du monde, enferme le sacré dans la forme d'une idole.

Plus une image, une forme, une chose réclame qu'on la vénère comme sacrée, plus donc l'esprit français en est agacé, aiguisé, excité – comme le prédateur soudain réveillé et mis en chasse par l'odeur de sa proie préférée. Il va ainsi se précipiter sur elle pour la mordre avec la plus savoureuse délectation, après avoir joué avec elle, l'avoir tournée en dérision et ridiculisée en réclamant à ce propos qu'on ait non seulement le droit de rire de tout mais tout spécialement de ce sacré – comme le fit Molière de façon caractéristique en se gaussant de l'hypocrisie du dévot Tartuffe… Jusqu'où va cette critique de Molière ? Se limite-t-elle à l'« imposteur » Tartuffe, ou bien vise-t-elle le sacré religieux lui-même ? Il s'en défend, certes, dans la préface de la pièce : « Si l'on prend la peine d'examiner de bonne foi ma comédie, on verra sans doute que mes intentions y sont partout innocentes, et qu'elle ne tend nullement à jouer les choses que l'on doit révérer ; que je l'ai traitée avec toutes les précautions que demandait la délicatesse de la matière ; et que j'ai mis tout l'art et tous les soins qu'il m'a été possible pour bien distinguer le personnage de l'hypocrite d'avec celui du vrai dévot. » Mais il dit ensuite une chose *a priori* bien curieuse, affirmant que « la comédie, chez les anciens, a pris son origine de la religion, et faisait partie de leurs mystères[1] », ce qui veut dire que la dérision, le ridicule, le rire avaient autrefois une fonction au cœur même du sacré…

Qui sont aujourd'hui les héritiers de Molière ? Qui osent eux aussi le rire face au sacré ? Nous ne pouvons

1. Molière, Préface au *Tartuffe ou l'Imposteur* (1669).

évidemment penser qu'à « l'affaire » tragique des caricatures du Prophète Mohammed publiées par *Charlie Hebdo* à partir de janvier 2015. « Êtes-vous toujours Charlie ? » me demande-t-on souvent. La réponse est oui, précisément parce que je reconnais dans ces dessins pourtant vulgaires et grossiers, donc sur le mode « bête et méchant », ce grand héritage auquel je viens de rendre hommage, ce grand esprit français de désacralisation qui peut aller en réalité, lâchons le mot, jusqu'à ce *blasphème* qui fait bondir de rage tant de croyants.

Blasphème ? Sacrilège ? Personnellement, je suis croyant et musulman mais je ne bondis pas. Car je suis français et cela me permet de voir là l'inverse même d'un scandale… Il y a une grande leçon spirituelle dans ce blasphème. En quel sens ? Je comprends certes que bien des musulmans aient pu se sentir offensés, insultés, et Emmanuel Terray a eu parfaitement raison de se demander en ce sens si, « quand les dessinateurs de *Charlie Hebdo* caricaturent et *recaricaturent* le Prophète Mohammed, [ils] pratiquent vis-à-vis de la croyance musulmane le respect prescrit par la Constitution […] Ceux qui revendiquent le droit au blasphème respectent-ils les croyances chrétiennes, juives ou musulmanes ? La question mérite au moins d'être posée [1] ». Cela est très juste en soi. Néanmoins, cet irrespect même de l'image sacrée du Prophète Mohammed a tout de même une vertu transgressive et subversive particulièrement intéressante. Elle nous

---

1. Emmanuel Terray, « La laïcité et la liberté du croyant », blog de Mediapart, 4 novembre 2020.

rappelle, en effet, qu'*après tout, cette image du Prophète n'est jamais qu'une image*, et que, comme le dit d'ailleurs l'islam lui-même, le sacré en soi est l'abîme du « Mystère » (*Ghayb*) [1], hors d'atteinte de toute désacralisation, car *au-delà de toute image* qui prétendrait le représenter.

C'est en ce sens que je viens d'évoquer non pas seulement un droit au blasphème mais une fonction spirituelle du blasphème. Le blasphème, en effet, est une forme d'iconoclasme et, à ce titre, il ne détruit l'idole que pour faire justice à l'irreprésentable du sacré. Dès lors, dans ces caricatures si controversées du Prophète Mohammed, et tout en reconnaissant leur irrespect comme leur vulgarité, je reconnais et salue le grand esprit français de désacralisation, le grand esprit français destructeur d'idoles. C'est lui qui nous ramène – à travers ces caricatures – à la conscience de la relativité de l'ensemble de nos images du sacré, et de la transcendance de ce sacré vis-à-vis de toutes les formes – icônes et idoles – dans lesquelles l'esprit humain voudrait l'enfermer. Les caricatures de Mohammed, à cet égard, ne sont jamais à mes yeux qu'une *image sacrilège d'une image sacralisée*. Or comme Français et tout autant comme musulman, je n'adorerai jamais aucune image, si sacrée soit-elle, et je jubile à chaque fois qu'une image sacralisée se trouve ainsi désacralisée, c'est-à-dire destituée de sa prétention à exprimer le Mystère de la réalité.

1. Sourate II, 3.

Un esprit d'insoumission

Que ce soit sur le plan philosophique, spirituel ou politique, l'esprit français se tient dans la formule synthétique du philosophe Alain : « Penser, c'est dire non. » Mais il y a « non » et « non ». Parfois la France s'égare dans son refus. Parfois son « non » dégénère. À force de s'arcbouter sur le « non », elle se paralyse dans telle ou telle forme d'immobilisme et de réaction. Ce « non » réactionnaire, on l'entend aujourd'hui partout dans les médias. C'est le discours de « la France qui tombe ». C'est le discours – je l'ai dit en commençant ce livre – de ceux qui n'arrivent plus à reconnaître la France dans toutes les mutations de son identité et qui, pris de peur et d'aigreur, disent non à tout ce qu'ils accusent de la faire disparaître, sans voir donc qu'ils devraient plutôt accuser leur propre impuissance…

« Il s'agit de savoir si nous sommes chez nous en France ou si nous n'y sommes plus. » Qui a dit cela ? Éric Zemmour ? Non, Charles Maurras il y a plus d'un siècle[1]. Comme la star actuelle de la réaction, lui aussi croyait *déjà* voir la France mourir. Cette confusion mentale naît d'une tragédie intime, celle de l'impuissance. Ces réactionnaires d'hier et d'aujourd'hui sont à ce point incapables de penser la France au présent, et à ce point inconscients de cette impuissance, qu'ils pensent

1. Charles Maurras, « L'hospitalité », *L'Action française*, 6 juillet 1912.

sincèrement que « les autres » (musulmans, migrants, immigrés...) sont le danger. Comme toujours, on n'accuse ainsi au-dehors que l'ennemi qu'on est incapable d'identifier en soi. Ils croient ainsi mener un juste combat, et porter haut et fort, à leur tour, le flambeau du grand « non » français. Mais leur « non » est celui de la mort, pas de la vie. Le « non » d'outre-tombe d'une « certaine France » – morte, mais qui ne s'en est pas aperçue.

N'écoutons donc pas ces spectres. Ne nous laissons pas séduire par leurs voix de cimetière. Ne nous trompons aujourd'hui ni de défi ni d'adversaire : notre « non » doit être adressé d'abord à notre propre paresse de vieux peuple ! Nous devons dire non maintenant à tout ce qui nous empêche de vivre au présent, à tout ce qui nous empêche de nous repenser et d'affronter courageusement ce qui vient perturber le remâchement paresseux de nos certitudes figées sur nous-mêmes. L'islam ? Sa masse démographique ? Sa virulence religieuse ? Sa vision du monde supposée intrinsèquement différente et incompatible ? Prétextes. Faux-fuyants. Cet épouvantail en réalité ne fait que nous renvoyer à nous-mêmes. Sa vitalité exaspère notre exténuation, sa foi exubérante énerve notre désenchantement. L'immigration ? Sa jeunesse dérange notre vieillesse, sa différence accuse le retard de notre conscience de soi. Bref, si nous étions moins faibles et fatigués, tout cela qui nous arrive devrait être une fête, un enthousiasme, un *éros* incroyable, celui d'un immense renouvellement de nos forces vives ! D'une immense opportunité de régénération, de renaissance ! Le potentiel de *relève* dont notre vieux pays avait tant besoin !

Ce ne sont ni la peur réactionnaire du changement ni la haine de l'autre qui peuvent inspirer le vrai « non », le grand « non » français. C'est un sens supérieur de la justice et de la liberté. Pourquoi avons-nous privilégié, dans notre imaginaire national, la mémoire des grandes figures d'insoumission ? En particulier depuis le XIXe siècle, le « roman national », dont on trouve une origine majeure chez Jules Michelet (1798-1874), a délibérément préféré la légende à l'histoire pour imprimer dans les esprits le grand récit d'une geste française tout entière commandée par l'héroïsme : c'est à l'origine Vercingétorix, qui combattit l'envahisseur romain et vainquit les légions du grand César en 52 avant Jésus-Christ, sur le plateau de Gergovie ; c'est Jeanne d'Arc ensuite, qui « boute l'Anglais hors de France » au début du XIVe siècle ; c'est encore Napoléon qui, parti de rien, défend le régime issu de la Révolution contre la coalition des monarchies européennes ; ce sont, bien sûr, les sans-culottes de la Révolution ; et enfin, comme apothéose à ce jour, cette Résistance qu'André Malraux sanctifia solennellement d'un discours immortel le 19 décembre 1964, lors du transfert au Panthéon des cendres de son chef, Jean Moulin.

On peut être critique face à ces entreprises de glorification sans doute excessives et aveugles aux parts d'ombre. Mais on doit regretter encore plus la médiocrité de notre temps présent, qui ne sait plus guère reconnaître la grandeur… À quoi tous ces grands Français ont-ils dit non ? À la soumission. De Gaulle, un soldat sans armée après la défaite de 1940, trouve en lui-même, *en lui seul*, la ressource d'esprit français suffisante pour s'opposer à la machine de guerre hitlérienne. Quel orgueil, quelle folie, quel panache ! Quel dédain superbe pour la réalité ! Contre toute évidence, logique, raison apparente, il dit simplement NON, un « non » majuscule. Non, l'Allemagne n'a pas gagné alors même qu'elle a militairement vaincu. Non, nous n'obéirons pas et n'obéirons jamais alors même que nous avons perdu. « Certes, proclame-t-il alors, nous avons été, nous sommes submergés par la force mécanique terrestre et aérienne de l'ennemi. Infiniment plus que leur nombre, ce sont les chars, les avions, la tactique des Allemands qui nous font reculer. Ce sont les chars, les avions, la tactique des Allemands qui ont surpris nos chefs au point de les amener là où ils en sont aujourd'hui. Mais le dernier mot est-il dit ? L'espérance doit-elle disparaître ? La défaite est-elle définitive ? Non ! [...] Quoi qu'il arrive, la flamme de la résistance française ne doit pas s'éteindre et ne s'éteindra pas [1]. »

Ainsi que l'avait déjà remarqué Jules César dans sa *Guerre des Gaules* – c'est souligné par l'historien Étienne Pasquier (1529-1615) –, les Gaulois de Vercingétorix l'insupportaient déjà et l'intriguaient tout autant parce qu'« ils étaient rétifs à l'autorité romaine » et, selon les mots de l'empereur, « acharnés au recouvrement de leur liberté [2] ». Or lorsque nous deviendrons le royaume des Francs, entre le IVe siècle et le règne de Charlemagne, et après avoir été gaulois, c'est la même vertu aristocratique

1. Charles de Gaulle, Appel du 18 juin 1940.

2. Cité par François Roudaut, « Quelques remarques sur un objet imprécis : l'esprit français au XVIe siècle », art. cit., p. 84.

de liberté, la même noblesse d'âme qui refuse la soumission, qui se dira dans le mot lui-même : l'étymologie de « franc », qui a donné « France », est celle de *frei* en allemand, *free* en anglais, les deux termes se traduisant également par « libre ». Les Français, autrement dit « les libres », « les hommes libres » : voilà donc le nom véritable de notre peuple… Voulez-vous savoir si dans les veines de tel ou tel de nos chefs politiques d'aujourd'hui souffle l'esprit français ? Estimez-le à la puissance de son « non » et, à l'inverse, au nombre de ses complicités, notamment avec l'ordre libéral mondial.

L'universalité du « non » français

L'esprit français est tellement épris de cette liberté, si farouchement attaché à la conquérir ou à la retrouver, si réactif à tout ce qui semble l'en priver que sans arrêt il s'oppose, il contredit, il est récalcitrant. Dans ses mauvais jours, cela le rend obtus, rétif à tout changement, hostile à toute idée de progrès, et comme le disent les « progressistes », nous serions un pays « impossible à réformer », ce pays de la manifestation et de la grève permanente, toujours « contre », jamais « pour ». Il y a là sans doute un excès qui, en effet, nous guette en permanence. Mais on n'a jamais que les défauts de ses qualités. Or ce sont bien d'abord des qualités qui nous poussent ainsi à exprimer autant de refus, de réticences, de fins de non-recevoir à tout ce qui voudrait plus précisément aujourd'hui enlever à notre État sa souveraineté pour imposer le pouvoir antihumaniste de l'ordre libéral mondial…

Le Français d'aujourd'hui, ce sont ces Gilets jaunes incompris des élites, ignoblement méprisés par elles et dont certains, certes, basculèrent parfois dans une violence inexcusable en soi. Mais n'oublions jamais que la violence des dominés a toujours été la réponse désespérée à la violence des dominants, c'est-à-dire en fait la réponse de la souffrance à la violence ! Oui, il y a eu dans la masse des Gilets jaunes des casseurs, et « souvent la foule trahit le peuple », écrivait Victor Hugo. Mais tout en faisant la part des choses, reconnaissons à sa juste valeur le combat de toutes celles et ceux qui pendant plus d'un an à partir de novembre 2018, sous la pluie comme dans la nuit, occupèrent stoïquement les ronds-points et les péages pour dire non à cet ordre établi qui n'est plus que le *désordre établi* à l'échelle de la planète – ce désordre ou déséquilibre généralisé causé par des écarts de richesse et des détresses matérielles, morales, spirituelles sans précédent entre sociétés, et à l'intérieur des sociétés ; causé aussi par la destruction des équilibres naturels, des écosystèmes à toutes les échelles. Nous vivons désormais dans ce dysfonctionnement global, écrit Naomi Klein, où « l'essentiel peut se résumer ainsi : le système économique et la planète sont en guerre l'un contre l'autre, […] ou, plus précisément, l'économie est en guerre contre de nombreuses formes de vie sur terre, y compris la vie humaine[1] ». C'est

1. Naomi Klein, *Tout peut changer. Capitalisme et changement climatique*, Actes Sud, 2015, p. 42.

ce que j'ai dénoncé moi-même dans *Les Tisserands*[1], en écrivant que la « mère de toutes nos crises » de civilisation est une souffrance aggravée, voire une rupture de tous nos grands liens nourriciers : à la nature, aux autres, à nous-mêmes, et que désormais la grande responsabilité collective est de « réparer ensemble le tissu déchiré du monde ».

Voilà par quoi est convoqué aujourd'hui le génie français du « non ». Par la lutte contre ce grand désordre établi à l'échelle planétaire. Ce désordre est injuste, inique envers notre humanité comme envers l'ensemble du vivant. Comment tolérer l'hégémonie d'une telle injustice ? L'esprit français est en nous ce qui ne la supporte pas, ce qui en nous se sent révolté par tout ce qu'elle inflige aux hommes et à la nature. C'est un humanisme du cœur révolté, qui souffre et s'insurge pour la planète. L'*éthos* français est ainsi un certain être-au-monde scandalisé par l'injustice et qui se soulève contre elle. En ce sens-là, notre « identité » n'est pas biologique ni territoriale, elle est humaniste[2] et universelle. Nous ne la possédons pas en propre. Peuvent légitimement se déclarer française ou français sur la planète, et au même titre que nous s'ils le désirent, toute femme et tout homme qui s'écrient quelque part : « Non, vous n'avez pas le droit et c'est inacceptable, ça ne peut plus durer, nous ne laisserons pas faire ! » Sont française ou français, partout sur la planète, *d'esprit au-delà de la nationalité*, toute femme et tout

1. Abdennour Bidar, *Les Tisserands*, Les Liens qui libèrent, 2016.

2. Sur cette notion aussi employée que peu maîtrisée, voir notre ouvrage, *Histoire de l'humanisme en Occident*, Armand Colin, 2013.

homme qui, comme Émile Zola, disent : « J'accuse », et : « Je refuse », ou qui, comme Romain Rolland, disent non à la guerre et à l'aliénation où qu'elles menacent, sous quelque forme que ce soit.

À nous, dès lors, de les reconnaître pleinement – tous ces insurgés contre l'injustice – comme nos propres sœurs et frères français, membres d'un même peuple mondial d'insurgés contre l'injustice, d'une même intercontinentale des consciences. Notre pays ainsi est l'un des seuls qui n'appartiendront jamais à leurs seuls habitants, jamais seulement à celles et ceux qui en ont la nationalité officielle. Là est notre fameux universalisme : non pas dans des « leçons de droits de l'homme » que nous serions en mesure d'administrer au reste du monde mais dans cette participation à l'« être français », c'est-à-dire à l'« être insurgé », que nous devons savoir partager universellement, comme bien commun, engagement commun, responsabilité commune, avec tous les résistants de la terre.

Résistants ? Pas seulement. Le « non » français est d'autant plus puissant qu'il sait conjuguer et garder bien vivants les trois « non » de la culture démocratique, tels qu'énoncés par Jean-Baptiste de Foucauld : le « non » d'une « culture de la *résistance* lorsqu'une situation est jugée injuste mais évitable, inadmissible mais susceptible d'être changée » ; le « non » d'une « culture de la *régulation* » qui fixe les règles du vivre ensemble le plus juste possible, refusant donc cette dérégulation économique et culturelle du libéralisme mondial qui instaure la guerre économique et la guerre identitaire de tous contre tous ; le « non », enfin, d'une « culture de l'*utopie* » qui bouscule l'existant par sa radicalité créatrice née d'« une espérance ineffable » ou du « sentiment profond qu'une réconciliation de l'homme avec lui-même et avec le monde est possible ». Mais notre démocratie, dit Foucauld, « oublie facilement tout cela » et « se désactive de l'intérieur en quelque sorte et, sans s'en rendre compte, s'affaiblit et s'expose à une certaine dégénérescence[1] ».

N'y sommes-nous pas, à cette « dégénérescence » ? Ce triple « non » reste-t-il bien vivant chez nous ? C'est quand nous portons ce « non » de la résistance à la fatalité de l'injustice, de la régulation du grand marché libéral, de l'utopie révolutionnaire, que nous Français sommes pleinement nous-mêmes, pleinement dignes de notre héritage, et, à ce titre, *parce que c'est cela que le monde attend de nous, cette voix-là et pas une autre*, non seulement respectés mais entendus dans le concert des nations, perçus comme force de secours et frères et sœurs de tous les vulnérables, les blessés de la vie, les opprimés de la terre.

Non au séparatisme ?

Dire non est une exigence, le devoir constant que nous avons envers le génie de la France. Non pas toutefois non à tout, comme nous le faisons à tort et à travers dans les périodes où cette qualité se renverse en défaut, où nous nous replions sur nous-mêmes, notre passé, etc. Mais non

---

1. Jean-Baptiste de Foucauld, *L'Abondance frugale. Pour une nouvelle solidarité*, Odile Jacob, 2010, p. 99-105.

à tout ce qui bafoue la dignité humaine, à tout ce qui déshumanise, à tout ce qui écrase l'être humain et qui dévaste aujourd'hui tout le vivant. C'est un « non » répliqué au « non » du Mal, qui nie notre humanité en l'opprimant ou en la faisant injustement souffrir… Lequel, cependant, parmi ceux qui postuleront à la présidence de la République en mai 2022 a conscience de cela ? Lequel est un insurgé au service de la justice ? Combien ont la France suffisamment au cœur pour ressentir en eux-mêmes ce cœur battant contre l'injustice ? Certains se proclament « insoumis » autour de leur chef Jean-Luc Mélenchon. Soit. Mais dans quelle mesure ceux-là seraient-ils capables demain, s'ils venaient à gagner, de rester insoumis au pouvoir ? Ne céderaient-ils pas eux aussi et à leur tour, comme l'ont déjà fait les autres forces de gauche – Parti socialiste, Europe Écologie Les Verts –, au même soi-disant « réalisme » qui les a fait renoncer depuis longtemps à toute véritable politique de justice sociale et écologique ?

Nous ne continuerons d'exister demain, comme nation et comme peuple, que si nous réussissons à garder vivant ce cœur battant, si nous demeurons face au Mal le pays qui dit non, le pays des rebelles. Et non pas un énième compétiteur, parmi d'autres, de la grande concurrence économique. Et non pas seulement, non plus, comme le « pays musée » qui accueille le plus grand nombre de touristes venus du monde entier. Tout en étant attentifs à nos performances économiques, ne nous trompons ni d'identité ni de priorité, et n'inversons pas l'échelle des valeurs : c'est d'abord en maintenant le cœur vibrant de notre sens de la justice que nous conserverons notre dignité parmi les nations, donc d'abord par l'amélioration ou plutôt le redressement de notre propre système de justice sociale, afin d'endiguer toutes les nouvelles pauvretés, inégalités, discriminations qui désormais infirment, en les souillant, l'affirmation de nos valeurs.

Nous voulons transmettre aux élèves de notre école ces valeurs de la République ? Soit, mais avec la conscience que, comme l'écrivait récemment Jean-Paul Delahaye, « dans certaines parties de notre République, c'est la pauvreté économique, sociale, culturelle de bon nombre d'élèves qui rend très difficile aux enseignants leur mission de transmission de savoirs fondés sur la raison. Or, la raison est un instrument indispensable pour expliquer le monde. *Liberté, égalité, fraternité* : quelle légitimité peut avoir la devise républicaine dans les parties du territoire frappées par l'exclusion, le chômage, le racisme[1] ? ».

Quel est l'enjeu ici ? L'enjeu du partage de nos valeurs entre tous, sans que certains soient exclus de ce partage. L'enjeu aussi de la question religieuse, notamment de l'islam. Certains quartiers sont « gangrenés » par l'islamisme ? N'isolons pas ce phénomène religieux de ses causes sociales. Oui, des pans entiers de l'islam sont malades du dogmatisme, de l'intolérance, de l'antisémitisme et ce partout dans le monde où il y a des

1. Jean-Paul Delahaye, « La transmission des valeurs républicaines aujourd'hui à l'école : entre difficultés et nécessités », *in* Éric Favey, Guy Coq (dir.), *Pour un enseignement laïque de la morale*, Privat, 2015, p. 95.

musulmans. Le problème déborde infiniment l'islam de France, lui aussi rongé par ces maux. Mais que notre indignation face à l'injustice nous rende conscients ici, chez nous, de notre propre part de responsabilité dans la prolifération de ce « cancer islamiste ». Le scandale de la formation de ghettos – où se concentrent toutes les misères – donne son terreau à l'islamisme, qui commence toujours par être un socialisme, c'est-à-dire par offrir un asile de sociabilité, de chaleur humaine, de solidarité, à ceux qui sont exclus, isolés, marginalisés.

Communautarisme ? Séparatisme ? *Mais qui a commencé de se séparer de qui ?* N'inversons pas la chronologie : c'est parce que nos sociétés inégalitaires ont créé des concentrations d'immigration pauvre que celle-ci est allée chercher si volontiers dans l'islam les ressources d'appartenance, de famille, de communauté que nous n'avons pas été assez généreux pour leur offrir avec le reste de notre supposée « communauté des citoyens ». « Si des lectures fondamentalistes du monde sont à l'œuvre ici ou là », poursuit Delahaye, ce n'est pas que *la faute à Voltaire*, c'est-à-dire à la crispation d'un islam néoconservateur, c'est aussi parce que « la question religieuse est parfois le masque de la question sociale » et que « dans les quartiers ghettoïsés, les valeurs de la République, et donc la laïcité, apparaissent trop souvent aux habitants plus comme des incantations que comme des réalités vécues [1] ». Non au « séparatisme » ? Mais si nous-mêmes ne nous étions pas autant « séparés » de nos propres valeurs en nous mon-

1. *Ibid.*

trant incapables de les faire vivre au bénéfice de tous, nous n'aurions pas offert aux « séparatistes » islamistes le terreau de pauvreté et d'abandon dont se nourrit leur prédication obscurantiste pour alimenter le ressentiment contre notre pays et susciter des espérances que nous ne savons plus proposer à tous.

Voilà de quoi nous devrions bien davantage nous indigner aujourd'hui, et là, dans cette indignation, l'esprit français sera à nouveau bien vivant ! Nous devrions nous indigner de l'existence et de la multitude de ces « zones d'exclusion » qui « ne sont pas compatibles avec l'idéal républicain et laïque ». Nous devrions nous indigner en même temps d'avoir oublié, à cet égard, la grande leçon de Michelet et de Jaurès ; l'un disant : « Nulle fraternité hors du droit, nul amour dans l'iniquité, nulle alliance hors du cercle que doit tracer la justice[1] » et l'autre comme en écho rappelant à nos consciences que « la République française doit être laïque et sociale, mais restera laïque parce qu'elle aura su être sociale ». « Ces avertissements, conclut Delahaye, restent d'actualité[2]. »

Dans ce texte, nous trouvons la conscience française à la hauteur de son génie, c'est-à-dire la France qui sait *se dire non à elle-même*, sans concessions, sans échappatoire, sans brandir la « radicalisation islamiste » – réelle – comme cache-misère de sa fabrique du ghetto ; une France donc qui a aujourd'hui toujours ce sens chevaleresque de

1. Jules Michelet, cours professé au Collège de France, 1848.

2. Jean-Paul Delahaye, « La transmission des valeurs républicaines aujourd'hui à l'école : entre difficultés et nécessités », art. cit.

l'honneur qui la rend capable de s'indigner de ses propres manquements, de sa propre infidélité à ses idéaux, de ses propres faillites et fautes, au lieu de céder à la facilité actuelle de désigner toujours l'étranger ou le Gilet jaune du rond-point comme « fauteur de troubles », responsable et coupable. L'authentique esprit français qui dit non sait ainsi se dire non d'abord à lui-même, non à la tentation de l'autosatisfaction et du rejet sur autrui de ses propres égarements.

« *Indignez-vous !* »

Jaurès, Michelet. Chacune à sa manière, de telles consciences ont témoigné de la façon la plus vibrante de cet esprit français qui refuse le règne de l'injustice, du mal, actuellement aussi hégémonique qu'il est travesti en « rationalité économique » et en « civilisation des droits et du bien-être ». Parmi ces consciences, je pense, au plus près de nous, à Stéphane Hessel qui lançait en décembre 2010 son cri d'alarme devenu best-seller : *Indignez-vous !*[1] On peut entendre les critiques qui, depuis, furent adressées à cet appel[2] et considérer justement que l'indignation ne fait pas tout, que toute indignation n'est pas juste et qu'il ne suffit pas de susciter l'émotion face à l'injustice pour la combattre, etc. Malgré ses facilités et ses simplifications, ce texte reste pourtant

1. Stéphane Hessel, *Indignez-vous !*, Indigène, 2010.
2. Voir à ce sujet la fiche Wikipédia qui lui est consacrée.

digne d'incarner ce qu'on avait déjà entendu dans la voix aussi puissante que tremblante de l'abbé Pierre lorsqu'il lança son appel du 1er février 1954, au milieu d'un terrible hiver, à « l'insurrection de la bonté ». Là encore, la figure de l'abbé Pierre peut être contestée, tant ses prises de position ne furent pas toujours heureuses (on pense à son soutien à Roger Garaudy), mais comment ne pas admettre que cet appel mérite de faire partie de la grande mémoire de la France ? De cette grande mémoire dont nous tous devons savoir hériter aujourd'hui, et qui nous convoque, génération après génération, à la hauteur de ce qu'est l'esprit français au plus haut de lui-même… « Mes amis, au secours… Une femme vient de mourir gelée, cette nuit à trois heures, sur le trottoir du boulevard Sébastopol, serrant sur elle le papier par lequel, avant-hier, on l'avait expulsée… Chaque nuit, ils sont plus de deux mille recroquevillés sous le gel, sans toit, sans pain, plus d'un presque nu. Devant tant d'horreur, les cités d'urgence, ce n'est même plus assez urgent ! Écoutez-moi : en trois heures, deux premiers centres de dépannage viennent de se créer : l'un sous la tente au pied du Panthéon, rue de la Montagne-Sainte-Geneviève ; l'autre à Courbevoie. Ils regorgent déjà, il faut en ouvrir partout. Il faut que ce soir même, dans toutes les villes de France, dans chaque quartier de Paris, des pancartes s'accrochent sous une lumière dans la nuit, à la porte de lieux où il y ait couvertures, paille, soupe, et où l'on lise, sous ce titre "centre fraternel de dépannage", ces simples mots : "Toi qui souffres, qui que tu sois, entre, dors, mange, reprends espoir, ici on t'aime"… »

Hessel est mort, l'abbé Pierre est mort. Mais pour un indigné comme eux, combien de complices de l'injustice ? Pour un Zola qui accuse, combien d'excuses ? Combien de renoncements à nos propres idéaux et valeurs au cœur de l'Histoire ? Nous Français ne sommes pas et n'avons pas toujours été, loin de là, à la hauteur de notre humanisme proclamé. Nous nous sommes trahis hier, gravement, et nous devons avoir l'humilité de le reconnaître. Nous nous trahissons aujourd'hui, et nous devons avoir aussi l'humilité de le reconnaître. Le pays qui dit non ne dit pas toujours non, au contraire il se dit oui bien trop facilement à lui-même quand il s'agit de fermer les yeux, de nier ou d'excuser ses propres crimes, exactions et lâchetés.

Lesquels ? L'iniquité colonialiste et esclavagiste, l'iniquité du nationalisme guerrier qui en 1914 a envoyé la jeunesse française à la boucherie, l'iniquité pétainiste qui a collaboré avec l'hitlérisme, l'iniquité des exactions commises sur tous les fronts de guerre – de l'Indochine à l'Algérie –, l'iniquité actuellement de notre commerce d'armes – parmi les principaux du monde –, l'iniquité enfin de politiques qui désormais, lentement mais sûrement, deviennent de plus en plus autoritaires, sécuritaires, liberticides, au motif de protéger toujours mieux la population de toutes les « menaces », réalisant ainsi exactement ce qu'avait prédit Alexis de Tocqueville dès 1840 au sujet de nos démocraties modernes : « Je veux imaginer sous quels traits nouveaux le despotisme pourrait se produire dans le monde : je vois une foule innombrable d'hommes semblables et égaux qui tournent sans repos sur eux-mêmes pour se procurer de petits et vulgaires plaisirs, dont ils emplissent leur âme [...] Au-dessus de ceux-là s'élève un pouvoir immense et tutélaire, qui se charge seul d'assurer leur jouissance et de veiller sur leur sort. Il est absolu, détaillé, régulier, prévoyant et doux [...] Il ne brise pas les volontés, mais il les amollit, les plie et les dirige ; il force rarement d'agir, mais il s'oppose sans cesse à ce qu'on agisse ; il ne détruit point, il empêche de naître ; il ne tyrannise point, il gêne, il comprime, il énerve, il éteint, il hébète, et il réduit enfin chaque nation à n'être plus qu'un troupeau d'animaux timides et industrieux, dont le gouvernement est le berger[1]. »

La relève

Depuis Tocqueville, l'esprit français répugnera toujours à accepter la sacralisation de la démocratie ou de la République par ses idolâtres. Il veut rester assez libre vis-à-vis d'elle pour en dénoncer les dérives et les manquements et l'appeler à se regarder en face afin qu'elle se montre à nouveau digne de sa promesse. Ainsi aujourd'hui une belle relève interpelle la République ! De jeunes et fortes âmes se lèvent qui reprennent le flambeau de la pensée qui dit non, et plus précisément de la pensée qui se dit non à soi, c'est-à-dire de ce combat contre l'injustice qui commence par la plus grande exigence envers soi.

C'est en ce sens que, par exemple, Karim Mahmoud-Vintam fait très éloquemment la part des choses entre ce

1. Alexis de Tocqueville, *De la démocratie en Amérique.*

que la promesse républicaine a produit *de meilleur et de pire*. D'une part, « au nom de cette promesse, le corps politique s'élargit aux protestants (1789) puis aux Juifs qui deviennent citoyens français de plein droit en 1791, après des siècles de persécutions. Au nom de cette promesse, après des révoltes acharnées, les "hommes de couleur" (Noirs et métis) des Antilles obtiennent entre 1791 et 1794 la citoyenneté française et l'abolition de l'esclavage. Au nom de cette promesse, la République institue l'école obligatoire, laïque et gratuite (loi Ferry de 1882) pour offrir à tous les enfants les moyens de leur émancipation. Au nom de cette promesse, le Conseil national de la Résistance concevra une protection sociale parmi les plus généreuses du monde ». Cependant, « au nom de cette même promesse, la Révolution s'est transformée en Terreur (1792-1794), banalisant l'arbitraire et les exécutions de masse. Au nom de cette même promesse, la République a poursuivi et amplifié l'aventure coloniale de la France – ne fallait-il pas apporter les lumières de la "civilisation" aux "indigènes"[1] ? ».

Comment ne pas saluer, dans cette interpellation de la République, la pensée qui dit non caractéristique de l'esprit français, et plus précisément même son exigence d'autocritique, qui est un certain sens de l'honneur ? Or Mahmoud-Vintam n'est pas le seul à manifester bien vivante, toujours aussi virulente, cette exigence de la France envers soi, ce rappel de la France à ses engagements

1. Karim Mahmoud-Vintam, *La France est morte, vive la France. Pour une deuxième Révolution française*, Marie B éd., 2017, p. 10-11.

envers elle-même. On l'entend actuellement, en vue de l'élection présidentielle de 2022, dans l'interpellation des candidats par un collectif comme celui de la Rencontre des justices[1], constitué de 250 jeunes, engagés sur un spectre très large, de l'entrepreneuriat social et solidaire à l'activisme écologiste, dont l'appel publié en juillet 2020 exprime bien la colère et se dresse contre les renoncements de la classe politique en place face à l'urgence des crises climatique et sociale : « De Nuit debout en 2016 aux marches contre le racisme et les violences policières massives ces dernières semaines, les mouvements sociaux et environnementaux sonnent l'alerte. Ils créent une mobilisation croissante et enthousiaste, mais se confrontent à la surdité et à la répression de nos gouvernants […] Alors qu'il y a maintenant 9 millions de pauvres en France, le nombre de milliardaires dans notre pays a été multiplié par trois en dix ans. Ce monde-là et ses fausses promesses ne font plus illusion pour personne. Nous n'en voulons plus ! Nous, ici, jeunes signataires, activistes pour les justices sociale et climatique, architectes, entrepreneures et entrepreneurs sociaux ou environnementaux, initiatrices et initiateurs des marches et manifestations des dernières années, en association avec de nombreuses professions en mutation vers des engagements davantage affirmés, nous voulons converger et construire une stratégie nouvelle. Qu'on soit riche ou en galère, nous avons en commun la soif d'un monde où justices sociale et environnementale

1. Rencontrejustices.org.

sont nos réalités, un monde vivant où s'incarne la promesse de la République posée par nos aînés sur le fronton des mairies : *Liberté, égalité, fraternité*[1]. »

Réclamant aux politiques qu'ils écoutent ce que la jeunesse a à dire, au lieu de continuer à déclamer d'en haut des discours déconnectés des besoins réels de la nation, ces enfants de Stéphane Hessel tentent à leur tour d'incarner l'esprit français qui dit non. À l'image de leurs aînés, ils ne mèneront pas que de justes combats, et parfois le discernement leur manquera, mais comme eux ils se rebellent au maximum de leur sincérité face à l'injustice, c'est-à-dire au fond face à la domination. N'oublions pas cela. L'esprit français n'est pas un rebelle sans cause. C'est un rebelle doté d'une puissante conscience politique. Il se révolte et entre en éruption dès qu'il se sent opprimé par un pouvoir qui le prive de la justice ou de sa liberté – ce qui nous rend parfois paranoïaques lorsque nous suspectons par principe, dans l'action politique, une tentative insidieuse de nous ôter tel ou tel droit. L'esprit français est une sensibilité extrême à l'abus de pouvoir et à tout dévoiement du pouvoir vis-à-vis des valeurs de liberté, d'égalité, de fraternité…

Cela, cependant, va même peut-être un peu plus loin encore. N'avons-nous pas un problème, nous Français, avec *le simple fait du pouvoir* ? On nous dit ingouvernables… Mais comment, se demande à cet égard le philosophe Pierre-Henri Tavoillot, « gouverner un peuple-

---

1. « Appel pour une rencontre des justices sociale et environnementale », blog de Mediapart, 30 juillet 2020.

roi[1] » ? Et si donc se situait là, en réalité, le génie plus profond de notre pays qui dit non ? Non pas simplement dans l'insurrection face à l'injustice que dans le refus de l'*obéissance* réclamée par tout pouvoir, y compris un pouvoir démocratiquement élu ? C'est ce que nous allons examiner à présent, en voyant de quelle manière la France a eu, historiquement, un rapport extrêmement conflictuel *avec toute autorité quelle qu'elle soit, religieuse ou politique*. Que l'Église ait voulu autrefois régner sur la France ou que, dans la modernité, la République ait voulu sacraliser son existence et ses valeurs de droit divin, à chaque fois la conscience française s'est dressée contre la soumission à un sacré religieux ou politique qui prétend la faire obéir.

1. Pierre-Henri Tavoillot, *Comment gouverner un peuple-roi ? Traité nouveau d'art politique*, Odile Jacob, 2019.

2

Notre rébellion contre le sacré

Quelle est l'origine historique de l'esprit français de rébellion ? Dans quel creuset s'est-il forgé ? À quoi d'abord avons-nous dit non ?

On a mentionné l'étonnement de César face aux Gaulois indomptables, à la virulence particulière de leur insoumission. Au-delà de cette référence mythifiée, on peut en situer une origine incontestable au règne éminemment perturbateur pour l'ordre traditionnel du roi de France Philippe le Bel (1285-1314), dont le pouvoir temporel osa contester la domination exercée sur lui par l'autorité spirituelle de l'Église. Rappelons qu'en ce début de XIVe siècle, le royaume de France était l'État le plus puissant de la chrétienté occidentale. Or voilà que son monarque défiait le pape Boniface VIII en déclarant sa tutelle inutile. Pour quel motif? Ernst Kantorowicz a nommé « pontificalisme » la façon dont, à partir de la fin du Moyen Âge, l'absolutisme royal se pare lui-même de la dignité sacrée qui appartenait jusque-là exclusivement au pape. Or, écrit l'historien Julien Théry, « s'il s'était intéressé de près au cas français et, plus précisément, aux sources judiciaires, administratives et diplomatiques pour l'histoire des conflits entre Philippe le Bel et la papauté, il aurait pu observer un processus de "pontificalisation" royale extraordinairement explicite » ; en particulier, « la "découverte" par Philippe le Bel d'une "hérésie des templiers" censée menacer toute la chrétienté permit d'imposer concrètement l'ascendant du roi au successeur de Boniface VIII. Les textes rédigés à cette occasion par l'entourage royal sont truffés de références bibliques. L'exaltation de la fonction sacrée dévolue au Capétien y est à son comble. La relation directe du roi avec Dieu, sans l'intermédiaire du pape, est affirmée en permanence [1] ».

Que s'est-il donc passé là ? En quel sens l'esprit français y prend-il une source importante ? Le « non » français est d'abord historiquement un « non » opposé à la domination du pouvoir de l'Église sur la France ; un « non » à cette forme du sacré que constitue l'autorité du pape. Ce « non » aura une longue postérité, puisqu'il est la source du gallicanisme, c'est-à-dire de la solidarisation entre le pouvoir royal et l'Église de France qui, à travers des conciles successifs à partir du XIVe siècle, va légitimer peu à peu l'indépendance du pouvoir temporel du roi de France vis-à-vis du pape. Ainsi, lors du grand schisme d'Occident qui divise en 1394 la papauté en deux, le pape Boniface IX à Rome et le pape Benoît XIII en Avignon, un conseil national des évêques réuni à Paris décide une « soustraction d'obédience » du roi à

1. Julien Théry, « Une hérésie d'État. Philippe le Bel, le procès des "perfides templiers" et la pontificalisation de la royauté française », *Médiévales*, n° 60, 2011, p. 173-174.

ces deux papes, c'est-à-dire la fin du devoir d'obéissance à un supérieur ecclésiastique. Bien plus tard, l'affaiblissement du pouvoir papal sur la France et la prise de contrôle du politique sur le religieux franchiront un pas supplémentaire avec l'adoption par la Révolution française de la Constitution civile du clergé, le 12 juillet 1790, qui réorganise l'Église de France – malgré sa farouche résistance – en donnant notamment le statut d'agent public aux membres du clergé.

Tout cela, toutefois, n'empêche pas que pendant un millénaire et demi « les sujets du roi de France sont derrière leur souverain unanimement chrétiens » et que « toute la société est chrétienne dans son essence même » pour le demeurer jusqu'à des ruptures radicales « dont bien des symptômes sont sensibles, à l'historien attentif, dès les années 1760-1770 [1] ». Ce n'est pas au sacré en tant que tel que la France royale et gallicane dit non mais bien à l'encontre du pouvoir religieux du sacré qu'elle oppose un « non » originel. Mais l'affaire est même encore plus complexe. Car c'est au motif que son propre pouvoir temporel de roi de France recèle déjà *en soi* suffisamment de sacralité que Philippe le Bel conteste l'autorité du pape Boniface VIII au début du XIVe siècle. Ainsi, il exprime avec beaucoup d'avance cette rébellion moderne d'un pouvoir politique français qui considère qu'il est en lui-même assez sublime pour prétendre légitimement opérer un *transfert de la sacralité* de l'autorité de l'Église vers lui-même, un peu comme s'il revendiquait la capacité, et

1. François Lebrun (dir.), *Histoire des catholiques en France, du XVe siècle à nos jours*, Privat, 1980, p. 568.

donc le droit, d'absorber cette sacralité du religieux ou de l'infuser dans ses propres veines.

Ce geste de Philippe le Bel fut, de ce fait, au moins aussi *sacrificiel* que *sacrilège*. Il fut sacrilège car attentatoire vis-à-vis du sacré religieux investi dans l'autorité du pape. Mais il fut surtout sacrificiel, au sens où le sacrifice est la production du sacré (*sacra facere* : « faire le sacré, rendre sacré »), dès lors qu'en effet il venait sacraliser pleinement et du dedans un pouvoir temporel, celui du roi de France, qui auparavant ne recelait cette sacralité que par délégation, du dehors et d'en haut, de la part du pape.

Le « oui » au sacré politique ?

La France n'aurait-elle donc dit non au sacré religieux que pour dire oui au sacré politique ? C'est tout au moins l'apparence. Une apparence persuasive mais que je vais exposer ici pour la réfuter. Car à partir de Philippe le Bel la continuité de l'histoire de France et de l'inspiration française semble bien être celle d'une centralisation et d'une sacralisation du pouvoir royal jusqu'à l'apogée de la divinisation du Roi-Soleil – Louis XIV – qui se transportera avec l'Empire dans le culte de Napoléon, l'« immortel empereur » évoqué par Alfred de Musset comme une divinité mythologique dont « le reste des êtres tâchait de se remplir les poumons de l'air qu'il avait respiré[1] ». Ainsi,

1. Alfred de Musset, *La Confession d'un enfant du siècle* (1836), Gallimard, « Folio Classique », 1973, p. 20.

après une Révolution française qui semble mettre fin à ce processus de sacralisation du pouvoir politique, c'est tout l'inverse qui se produit, d'abord avec le fameux « catéchisme impérial » de 1806 inculquant aux enfants que « premièrement [...] Dieu qui crée les empires et les distribue selon sa volonté, en comblant notre empereur de dons, soit dans la paix, soit dans la guerre, l'a établi notre souverain, l'a rendu le ministre de sa puissance et son image sur la terre. Honorer et servir notre empereur est donc honorer et servir Dieu même[1] ».

Puis, à la suite de cet épisode de divinisation du pouvoir napoléonien, la sacralisation du pouvoir politique se poursuit avec l'institution chaotique tout au long du XIXe siècle de ce que Dominique Schnapper nomma une « République de droit divin[2] », où la *rupture* réelle avec l'ordre ancien s'accompagne toutefois d'une remarquable et paradoxale *continuité*. Car la Révolution puis la République recourent elles aussi au sacré comme fondement et mécanisme de leur légitimation, perpétuant ainsi le mouvement ancien de sacralisation du politique, notamment par la reprise à leur compte du thème de la puissance salvifique que prétendait détenir l'Église. « Le fanatisme révolutionnaire, écrit Jean Baubérot, comme son homologue religieux, prend l'homme tout entier. À la conception médiatrice de l'Église catholique ("Hors de l'Église, point

1. Paul Beurdeley, « Le catéchisme impérial », *Revue pédagogique*, vol. 2, n° 1, 1983, p. 542.

2. Dominique Schnapper, *La Démocratie providentielle. Essai sur l'égalité contemporaine*, Gallimard, « NRF Essais », 2002.

de salut") correspond la croyance révolutionnaire à "la toute-puissance des institutions sur le bonheur des hommes"[1]. »

La France paraît donc avoir été mue de siècle en siècle et jusqu'à nos jours dans une seule et même direction et tentation : choisir le sacré politique contre le sacré religieux, conférer au seul pouvoir politique une dignité sacrée, et cela sans que le passage de l'Ancien Régime à la République y change quoi que ce soit, puisque l'un comme l'autre n'auraient fait que réinvestir dans leur propre pouvoir, comme par un effet de vases communicants, une sacralité dont ils évidaient la religion au fur et à mesure… Ce qui est acquis, c'est que nous avons depuis fort longtemps, et de la manière la plus durable, cherché notre destinée propre dans cette division et ce conflit entre le sacré politique et le sacré religieux. Comme l'a souligné Jean Baubérot, notre identité historique est écartelée entre ces deux rapports au sacré, qui correspondent à nos deux origines ou actes de naissance. En effet, si « comme d'autres pays la France est marquée par la mémoire de ses origines, de sa fondation mythique », en revanche notre spécificité est que « le récit mythique des origines françaises se dédouble. La première référence fondatrice concerne le baptême chrétien du chef franc "païen" Clovis, qui aurait eu lieu en 496 de notre ère, et aurait constitué une première unification de la future France dans le refus de "l'hérésie" arienne au profit de la foi chrétienne "catholique, apostolique et romaine". Le baptême de Clovis

1. Jean Baubérot, *Histoire de la laïcité en France*, PUF, 2000, p. 13-14.

serait, métaphoriquement, le baptême de la France. D'où l'interpellation de Jean-Paul II en 1980 : "France, qu'as-tu fait de ton baptême ?" » Quant à « la seconde référence fondatrice », elle « concerne la naissance de la France moderne, de la France républicaine grâce à la Révolution française, à la fin du XVIIIe siècle. Cette seconde fondation, celle de la modernité politique française, de la construction de l'État-nation "républicain", s'effectue dans un conflit frontal avec le catholicisme romain, alors la seule religion autorisée. Des actes fondamentaux de laïcisation, comme la laïcisation de l'état civil, la création du mariage civil et même, en 1795, une première tentative de séparation des Églises et de l'État, se font dans un contexte d'affrontement qui engendre des mémoires vives [1] ».

La réunion des « deux têtes de l'aigle » ?

Au lieu de la séparation ancienne des pouvoirs qui prévalait en Occident entre le pape et les rois, la République devra – dit Jean-Jacques Rousseau – « réunir les deux têtes de l'aigle » en créant une « religion civile » qui repose sur « un petit nombre de dogmes simples » dont « la sainteté du Contrat social et des Lois [2] », ainsi que de symboles ou d'emblèmes : non seulement les valeurs mais le drapeau,

1. Jean Baubérot, « L'évolution de la laïcité en France : entre deux religions civiles », *Diversité urbaine*, vol. 9, n° 1, 2009, p. 10-11.
2. Jean-Jacques Rousseau, *Du contrat social*, Livre IV, chap. VIII, « De la religion civile », GF Flammarion, 2001, p. 168 et 174.

La Marseillaise, les institutions, la laïcité, et les cérémonies comme celle du sacre des « grands hommes » au Panthéon, etc. L'historienne Christina Schröer explicite et renchérit : « Depuis les travaux de Mona Ozouf[1], on sait à quel point la Révolution française fut obsédée par la nostalgie du sacré. Dès 1789, on assiste à de nombreux “transferts de sacralité”, dont le but était de stabiliser le nouvel ordre des choses en le dotant d'une légitimation particulière, voire surnaturelle. On se réunissait autour d'autels de la Patrie pour fêter la communauté sacrée de la Nation, on organisait des défilés qui ressemblaient à des processions religieuses et l'on empruntait volontiers au vocabulaire religieux afin d'exprimer l'extraordinaire de ce qu'on était en train de vivre[2]. » Elle précise encore que « ces transferts s'accompagnaient souvent d'une intention éducative : dès le début, également, la Révolution s'est caractérisée par le désir d'un renouveau de l'être humain qui impliquait déjà l'idée d'éducation », car « si l'éducation était au cœur du projet révolutionnaire, elle représentait encore davantage le projet républicain – et elle était associée encore plus à une *politique religieuse*[3], destinée à mettre fin à la domina-

---

1. Mona Ozouf, *La Fête révolutionnaire*, Gallimard, 1976, p. 441-474.

2. Christina Schröer, « Une rhétorique sacrée au service de la République profane. Le programme de La Révellière-Lépeaux sur les “institutions républicaines” comme première mise en œuvre d'une éducation morale étatique (1797-1799) », *Histoire, monde et cultures religieuses*, vol. 35, n° 3, 2015, p. 95.

3. Souligné par nous.

tion de l'Église et à la supposée superstition courante aussi bien qu'à la prépondérance monarchique » et « en plus de la nécessité d'une nouvelle organisation du système scolaire, les républicains songeaient surtout aux possibilités d'une éducation morale étatique, mise en œuvre en particulier par des fêtes. À partir de 1792, on entreprit de remplacer entièrement les fêtes religieuses par des fêtes pédagogiques-patriotiques [notamment la fête du 14 juillet célébrant la prise de la Bastille, un événement commémoré depuis 1880 comme fête nationale, reprenant la fête de la Fédération qui avait eu lieu le 14 juillet 1790], inscrites dans un vaste programme d'"éducation nationale" destiné à convaincre le citoyen des avantages du nouveau régime et à lui faire aimer l'ordre républicain[1] ».

Est-il bien là, toutefois, le sens de l'histoire de France ? Le dernier mot de son monarchisme, de son centralisme, de son jacobinisme, et enfin de son républicanisme ? Dans leur convergence téléologique vers l'institution d'une « religion civile » ? Dans cette finalité suprême et finale d'investir complètement l'État d'une dignité et d'une majesté sacrées ? Tout en discutant le bien-fondé de la thèse selon laquelle la France révolutionnaire et républicaine aurait effectivement voulu se sacraliser, Michel Vovelle explique que « l'originalité de la France, dans l'histoire religieuse des chrétientés occidentales à l'époque

1. Christina Schröer, « Une rhétorique sacrée au service de la République profane. Le programme de La Révellière-Lépeaux sur les "institutions républicaines" comme première mise en œuvre d'une éducation morale étatique (1797-1799) », art. cit., p. 95-96.

moderne, est bien d'avoir eu, seule, l'expérience d'une rupture brutale, sous la Révolution, non seulement en termes de lutte contre l'Église-institution [...] mais plus radicalement sous la forme d'une alternative opposant à l'héritage chrétien les affirmations [...] des religions civiques, substituant aux vérités transcendantes le culte de la Patrie et des valeurs nouvellement proclamées, Liberté ou Raison[1] ».

Mais si tel est le cas, si la France moderne a bel et bien voulu sacraliser la Patrie et son État, et ainsi « réunir les deux têtes de l'aigle » en investissant le pouvoir sacré du religieux dans le pouvoir sacré de l'État, *comment comprendre alors la grande loi laïque de séparation des Églises et de l'État du 9 décembre 1905* ? Dès lors que cette loi ôte définitivement et radicalement tout pouvoir au sacré religieux, il y a deux hypothèses. La première est que la laïcité de l'État constitue l'aboutissement et le *parachèvement* de ce processus quasi millénaire de sacralisation du politique ; tandis que Max Weber avait parlé, pour l'État moderne, de « monopole de la violence légitime[2] », la France aurait alors réalisé, par sa laïcisation, la part de modernité propre à son génie en confiant à cet État le « monopole de la puissance sacrée ». Mais, seconde hypothèse, la laïcité peut, exactement à l'inverse, être le *démenti* le plus radical qu'on puisse

1. Michel Vovelle, « Cultes révolutionnaires et religions laïques », *in* Jacques Le Goff, René Rémond (dir.), *Histoire de la France religieuse*, t. III, *Du roi Très Chrétien à la laïcité républicaine*, Seuil, 1991, p. 475.

2. Max Weber, *Le Savant et le Politique* (1919).

imaginer de l'idée que le mouvement historique de la France depuis Philippe le Bel est un mouvement de sacralisation de son pouvoir politique. Comment trancher entre les deux hypothèses ? Par un examen plus précis du sens de la laïcité.

Le « non » au sacré politique

La première hypothèse conviendra sans doute à celles et ceux qui, hier comme aujourd'hui, ont voulu sacraliser la République et sa laïcité. Mais elle ne me convainc pas. Je ne pense pas que nous ayons dit non au sacré religieux pour dire oui au sacré politique. Il me semble plutôt que le génie de la France est d'avoir dit non aux deux, et que nous sommes le pays d'une double rébellion face au sacré ; le pays qui n'a pas seulement commencé par dire non au sacré religieux en s'émancipant de l'autorité du pape et de son Église mais qui a *continué son chemin d'insoumission* en disant non aussi au sacré politique, non à tout ce qui ressemblerait de près ou de loin à la « religion civile ». Voilà bien, selon moi, tout le sens véritable de la laïcité, par quoi elle concentre et couronne le génie français. *La laïcité consacre, sans jeu de mots, l'esprit français d'insoumission à tout pouvoir sacré, qu'il soit religieux ou politique.* Elle achève de faire de la France le terminus des ambitions de pouvoir du sacré ; le terminus des dominations de l'homme par des formes sacralisées, qu'elles soient religieuses ou profanes ; le lieu, en ce sens, d'une entière « sortie de la religion » comme dit Marcel

Gauchet[1] – qu'elle soit métaphysique ou historique, eschatologique ou séculière.

Et pourtant. Pourtant la tentation a bien été là, présente depuis la fin du XIXe siècle en particulier, de faire de la République un « veau d'or ». Pour les « antimodernes » étudiés par Antoine Compagnon[2], cette nouvelle idole était quelque chose d'insupportable à cause de sa médiocrité. Eux aussi furent des Français qui dirent non, fustigeant les droits de l'homme, la démocratie puis l'État-Providence comme autant de nivellements par le bas de la société « égalitaire ». Ils considéraient ainsi le sacré républicain comme une épouvantable parodie de la transcendance et de la majesté du sacré religieux, sa pure et simple contrefaçon ou sa perversion dès lors qu'il se fondait sur cet égalitarisme. On parle là non seulement de Joseph de Maistre ou de Charles Maurras mais de tous ceux qui comme eux abhorraient en particulier la sacralisation de la souveraineté du peuple ; par exemple Charles Baudelaire, que la « haine contre-révolutionnaire de la souveraineté populaire et du suffrage universel » conduit à dire : « Monarchie ou république, basées sur la démocratie, sont également absurdes et faibles[3]. »

Y compris chez ceux, qui, comme Péguy, développeront une « mystique républicaine[4] », la dénonciation

1. Voir à ce sujet Patrice Bergeron, *La Sortie de la religion. Brève introduction à la pensée de Marcel Gauchet*, Athéna, 2009.

2. Antoine Compagnon, *Les Antimodernes, de Joseph de Maistre à Roland Barthes*, Gallimard, « Bibliothèque des idées », 2005.

3. Cité in *ibid.*, p. 31-32.

4. Cité in *ibid.*, p. 225.

suivra aussitôt au motif que l'État et ses gouvernants – sans même parler du peuple – sont incapables de la faire exister comme transcendance réelle. « Quand donc l'État, écrivait-il, fabricant d'allumettes et de contraventions, comprendra-t-il que ce n'est point son affaire que de se faire philosophe et métaphysicien[1] ? » Il faut entendre là comme un écho de la fameuse phrase de Jean-Jacques Rousseau : « S'il y avait un peuple de dieux, il se gouvernerait démocratiquement[2] », ce qui veut dire que la condition (impossible ?) pour qu'existe réellement le sacré démocratique ou républicain serait que des individualités de très haut rang, au moins des saints ou des sages, en soient les citoyens. Or cela est incompatible avec la promotion démocratique moderne du simple individu moyen, de l'« ego de base » engoncé dans ses passions et émotions primaires – ses désirs grossiers, ses peurs, ses illusions et son ignorance, etc. –, au rang d'électeur ou d'élu. Donc, CQFD, le sacré démocratique ou républicain est un leurre et un mensonge.

La contradiction du laïcisme

Cible de ces antimodernes, tout un courant de pensée politique puissamment inspiré par la philosophie

1. Cité in *ibid.*, p. 227.

2. Jean-Jacques Rousseau, *Du contrat social*, Livre III, chap. 4, « De la démocratie », *op. cit.*, p. 108.

d'Auguste Comte[1] va déployer sa conception d'une « religion de l'humanité » soucieuse de promouvoir le *culte rationnel* des droits de l'homme, de la démocratie, de la République, de ses valeurs et du principe de laïcité. Mais celui-ci, précisément, invalide toute cette construction, toute cette idéalisation de la République comme nouvel ordre religieux. La laïcité est le démenti même de la théorie et du fantasme d'une « religion civile », comme l'a bien expliqué Jean-Yves Pranchère en se référant notamment à Marcel Gauchet et à Catherine Kintzler[2]. En effet, écrit-il, c'est « par définition » que « la laïcité défait le théologico-politique », et ce pour une raison simple : « En France, des lois scolaires des années 1880 et de la loi de séparation de l'Église et de l'État de 1905 jusqu'à ses reformulations philosophiques contemporaines, la volonté laïque a toujours été d'assurer la neutralité religieuse de l'État contre toute confusion du théologique et du politique. Le mot même de laïcité, sans équivalent anglais, exprimerait (nous dit-on) la *pureté* de leur distinction. Couplage de la séparation de l'Église et de l'État et d'une stricte sécularisation de l'espace de la citoyenneté, la laïcité serait plus qu'un simple cas d'une "sécularisation" aux contours incertains, plus qu'un mode de la tolérance ou du pluralisme religieux : elle serait la seule institution rigoureuse de

1. Auguste Comte, *Système de politique positive*, 1851-1854.

2. Marcel Gauchet, *La Religion dans la démocratie. Parcours de la laïcité* (1998), Gallimard, « Folio Essais », 2001, p. 69. Catherine Kintzler, « Laïcité et philosophie ? », *Archives de philosophie du droit*, t. 48, « La laïcité », Dalloz, 2005, p. 43.

la distinction entre la sphère du politique et celle du religieux[1]. » Ainsi, poursuit-il, « la laïcité se tiendrait à égale distance de deux dangers symétriques et inverses. Elle s'oppose d'abord à ce qu'elle nomme le "cléricalisme", subordination indue du politique à des autorités théologiques, qui place les incroyants et les hérétiques en position d'anomalie, voire de persécution. Mais elle s'oppose aussi à toute intervention du politique dans la sphère religieuse : elle ne doit pas prendre la forme d'un "laïcisme", d'un totalitarisme séculier[2] ».

Ce dernier point est particulièrement important. Car il indique bien, sous la forme d'un avertissement, la fausse route qu'aurait prise notre laïcité avec le « laïcisme », pour y perdre complètement le sens d'elle-même. Cette fausse route aurait été celle du « oui » à la religion civile, c'est-à-dire l'institution de la République en religion d'État. Or quid de la séparation des Églises et de l'État, si celui-ci était devenu lui-même une Église ? Cela aurait été extrêmement grave et nous aurait menacés d'un « totalitarisme séculier », comme dit Pranchère, car l'État moderne détient le « monopole de la violence légitime », du pouvoir d'ordonner, de contraindre, d'interdire. Si par conséquent il avait été une Église, celle-ci aurait été toute-puissante vis-à-vis de la société, et dès lors ses abus de pouvoir n'auraient rencontré, en face d'elle, aucune opposition ni

---

1. Jean-Yves Pranchère, « La laïcité suppose-t-elle une théologie politique ? », *Les Études philosophiques*, vol. 111, n° 4, 2014, p. 532-533.

2. *Ibid.*, p. 533.

limite. Telle est la contradiction du laïcisme : en voulant faire de la laïcité une religion civile, il trahit le « non » laïque à tout pouvoir exercé de manière absolutiste.

En fait, explique encore Pranchère, « la laïcité exclut toute religion civile, voire a en elle son pire ennemi. Elle exclut d'être une religion séculière, fût-ce sous la forme paradoxale d'une de ces contre-religions dont l'aventure communiste a donné l'exemple. Son refus de reconnaître les cultes (loi du 9 décembre 1905) signifie aussi un refus d'empiéter sur leur ordre propre : l'espace public laïque n'est pas un espace d'hostilité au religieux, il n'est pas un espace d'où le religieux aurait été évacué pour n'exister plus que dans la sphère privée, il est l'espace commun que partagent à égalité les croyants de toutes confessions et les incroyants. Cet espace ne devrait pas relever de la "permanence du théologico-politique" diagnostiquée par Claude Lefort au cœur des messianismes révolutionnaires du peuple souverain et de la nation universelle[1]. Ces messianismes relèveraient d'une laïcisation manquée, voire d'une *sécularisation non laïque*, transposant la théologie dans un ordre autre que le sien. La laïcité proprement dite consisterait précisément à ne pas transposer la théologie dans le politique – selon le concept de sécularisation que privilégiait Carl Schmitt dans sa *Théologie politique* –, mais à interdire leur amalgame qui vaut dénaturation[2] ».

Cette mise au point très juste permet de lever le

1. Claude Lefort, « Permanence du théologico-politique ? », *Essais sur le politique*, Seuil, 1986, p. 251 et suiv.

2. Jean-Yves Pranchère, art. cit., p. 533-534.

soupçon le plus lourd qui pèse sur la laïcité depuis sa naissance, à savoir sa supposée ambition ou intention d'être une « nouvelle religion » dont le but serait de prendre la place des religions anciennes et de les éliminer. Ainsi, « le soupçon le plus lourd ne concerne pas la secrète complaisance au catholicisme que dissimulerait la laïcité ; il est, à l'inverse, que la laïcité aurait procédé d'une décision religieuse contre le catholicisme. Son cœur théologico-politique serait la promotion d'une religion de l'autonomie contre la religion de l'hétéronomie, contre l'Église fondée sur l'autorité intangible de sa tradition et sur le dogme de l'infaillibilité pontificale. Burke déjà dénonçait les révolutionnaires français comme des "théologiens politiques et des politiciens théologiques" – remarquable occurrence de cette expression alors rare[1]. La formule visait l'unilatéralité abstraite d'une politique bafouant les droits historiques et les besoins sociaux reflétés par les traditions religieuses. Elle suggérait aussi que, dans son hostilité à la religion établie, l'idée même des droits de l'homme avait un sens théologique[2] ».

Résumons. Nous ne saurions sacraliser notre République, notre État, nos valeurs sans nous trahir en abdiquant notre liberté face à la majesté de leur absolutisation. Comme l'écrit Guy Coq à ce sujet, « vouloir reconstruire le sacré pour fonder la société sécularisée présente un grand danger [...] Ce serait préparer la place à une nouvelle ins-

1. Edmund Burke, *Réflexions sur la révolution de France* (1790), Hachette, 1989, p. 14.

2. Jean-Yves Pranchère, art. cit., p. 535.

tance religieuse qui serait à nouveau candidate à la domination du sens de la société[1] ». Par sa laïcité, qui nous en préserve, la France est ainsi le pays d'un double « non », au sacré politique comme au sacré religieux… Qui plus est, si nous nous souvenons de ce qui a été évoqué précédemment dans ce livre au sujet des manquements historiques et actuels de la République à sa promesse, nous ne saurions avoir l'indécence de la sacraliser. Si, en effet, nous lui accordons le statut d'une statue, la sacralité d'une idole, alors sa vénération nous ferait renoncer à tout devoir critique vis-à-vis de nous-mêmes, renoncer aussi au devoir de demander pardon pour nos exactions à ceux qui les ont subies ou les subissent aujourd'hui, renoncer enfin à nous engager à réduire l'écart entre la théorie de la promesse républicaine et sa réalité. Bref, nous retomberions dans l'écueil de tous les nationalismes passés ou présents, qui se caractérisent précisément par cette sacralisation de la Nation dont la vanité aveugle totalement sur soi et prédispose aussi bien au fascisme qu'au totalitarisme.

Deux impasses pour la laïcité ?

Au danger que vient d'évoquer Guy Coq s'ajouterait un risque immense pour la République de s'ériger en « religion civile » : celui d'instituer une guerre de religion d'un genre nouveau, entre sa religion politique et les

1. Guy Coq, *Laïcité et République. Le lien nécessaire*, Le Félin, 1995, p. 144-145.

religions métaphysiques. On voit aujourd'hui que tout un « laïcisme » – qui absolutise la République et ses valeurs – nous fait courir ce risque imminent face à l'islam.

Or en présence d'un sacré républicain, quelle place resterait-il pour le sacré religieux ? Le « retour du religieux » multiforme que l'on observe à différentes échelles aujourd'hui dans le monde – revivalismes, néoconservatismes, etc. – pose en France ce problème supplémentaire dès lors que nous n'arrivons toujours pas à dépasser notre tentation « laïciste » de sacraliser la République. Certains ont beau expliquer de manière irénique que cette guerre ne saurait avoir lieu puisque les valeurs de la République ne sont pas sacrées, quel que soit le prestige qu'on leur donne, cela ne résout rien. Car alors, si le sacré religieux est seul sacré, c'est-à-dire intangible, intouchable, alors que valent nos valeurs politiques et morales en face de lui ? Que valent des valeurs seulement humaines en face d'un sacré qui se veut divin ? Que valent des valeurs relatives, variables selon les sociétés et les époques, face à ce que les croyants vénèrent comme l'absolu divin ?

Cette question a-t-elle une solution satisfaisante, les deux réponses possibles semblant conduire chacune à une impasse différente ?

Si l'on répond que les valeurs de la République et l'identité républicaine sont aussi sacrées que le sacré religieux, on tombe dans le piège où nous entraîne alors l'inévitable situation de concurrence entre le sacré religieux et le sacré politique. Si nous Français sacralisons notre République, comment les croyants parmi nous peuvent-ils l'accepter ? Comment également, parmi les non-croyants, vont réagir les athées qui ne veulent se référer à aucun sacré, ni religieux ni politique ? Tous ceux-là risquent de penser que la laïcité n'a ôté tout pouvoir aux religions que pour faire régner sur tous sa « religion civile ». C'est ce dont sont persuadés aujourd'hui bien des musulmans, qui soupçonnent ou carrément accusent la France de les contraindre à renier leur foi musulmane pour embrasser la religion de la laïcité, des droits de l'homme, etc. Comment leur ôter ce soupçon, les convaincre d'autre chose si, dans le même temps, celles et ceux qui portent les valeurs de la République ne font qu'aggraver cette confusion en proclamant que, face à l'islam, nos valeurs sont « sacrées » ? Or c'est bien ce que certains font, ne réussissant par là qu'à dresser une partie de notre société contre une autre.

Est-il toutefois plus satisfaisant de concéder que nos valeurs et notre identité ne sont pas sacrées ? Si nous faisons attention à ne pas substituer au pouvoir religieux ancien le pouvoir religieux moderne d'une République sacralisée, à quoi s'expose-t-on cette fois ? À l'objection qu'on entend à présent dans la bouche de bien des enfants musulmans de nos écoles, auxquels il faut savoir répondre intelligemment. Ils nous disent : si la laïcité n'est pas sacrée, si c'est juste une règle humaine, alors de quel droit me force-t-elle à accepter l'inverse de ce que dit ma religion qui, elle, est bien sacrée ? Au nom de quoi impose-t-on l'interdiction du voile à l'école ? Quel est le motif de l'absence de viande *halal* à la cantine et de l'obligation scolaire du cours de natation pour les filles comme pour les garçons ? Et en dehors de l'école, au nom de quoi refuse-t-on le droit pour une musulmane de porter le voile dans l'administration où elle travaille ? Comment donc faire valoir l'autorité de ces règles, de ces lois, de ces choix de société face à ce que des femmes et des hommes considèrent comme le droit supérieur du sacré, le droit supérieur de quelque chose qui vient de Dieu ?

Régis Debray écrivait récemment à juste titre que « la valeur est molle, le sacré est dur[1] » : la valeur est faible en face du sacré qui est fort, ou qui se veut tel, parce qu'il est déclaré divin, transcendant, *absolu* par toute une communauté de foi forte de millions d'individus – il y a le sacré juif, le sacré chrétien, le sacré musulman, etc. –, tandis que les valeurs – l'identité, le bonheur, la liberté, l'amour, l'honneur, la réussite, etc. – ne relèveraient que de l'humain, autrement dit du *relatif*, variable selon les sociétés, les milieux, les choix individuels. Comme elles seraient ontologiquement inférieures, il y aurait quelque chose d'extrêmement difficile à faire valoir ces valeurs seulement humaines en face du sacré, et, de même, les lois humaines en face d'une loi divine. De là notre dilemme durable et jusque-là indépassable au sujet de la laïcité, et plus généralement des valeurs et de l'autorité de la République.

Si on sacralise les valeurs de la République, on entre avec le sacré dans une *compétition de sacralité* qui semblera d'une prétention inouïe et inacceptable aux croyants, pour lesquels les deux choses – valeurs et sacré – ne sont

---

1. Régis Debray, « Que faut-il entendre par sacré ? », *Revue des Deux Mondes*, octobre 2016, p. 93.

pas du même ordre. On s'expose alors au risque que ces croyants ne voient plus d'autre solution que de faire sécession vis-à-vis d'une République qui prétendrait ainsi faire valoir ses valeurs humaines au niveau du sacré, du divin. Ils l'interpréteront comme une déclaration de guerre, selon ce *casus belli* reproché à la République de vouloir remplacer le sacré religieux par le sacré politique, de chercher au fond, mais de manière pernicieuse, sans le dire, à éradiquer la croyance religieuse… et à supprimer le sacré au bénéfice de sa parodie. Cependant, répliquera-t-on, *si à l'inverse on ne sacralise pas les valeurs de la République*, ne s'expose-t-on pas au risque qu'un certain nombre de croyants des différentes confessions se sentent alors légitimés à revendiquer la « loi sacrée de Dieu » comme supérieure à cette loi des hommes qui admet elle-même qu'elle n'est pas sacrée ? Le danger est ici, en particulier, que ces croyants ne voient plus pourquoi ils obéiraient à cette République lorsqu'elle leur demande de renoncer à telle ou telle pratique ou coutume religieuse, puisque de leur point de vue la sacralité de ce religieux l'emporte – en autorité – sur une République qui, de son propre aveu, n'est « que » profane ou séculière[1]…

« Ne pas sacraliser les identités, ne pas les hypostasier

1. Jean-Yves Pranchère : « Pour une analyse à la fois compréhensive et critique des apories des théories françaises de la laïcité, on ne peut que renvoyer à Cécile Laborde : *Critical Republicanism. The Hijab Controversy and Political Philosophy*, Oxford University Press, 2008, et *Français, encore un effort pour être républicains !*, Seuil, 2010. »

en systèmes monoblocs, tant elles sont relatives, évolutives, friables… Vérité à double tranchant », écrit encore Régis Debray[1]. Je pense, malgré tout, qu'il faut ici trancher ; en l'occurrence, que l'impératif pour nous est de résister résolument à ce que Guy Coq nomme cette « tentation du sacré[2] » pour nos valeurs et notre identité républicaine. Pourquoi ? Non seulement parce que la laïcité est incompatible avec l'institution d'une « République de droit divin », comme on l'a vu, mais aussi parce qu'il y a, intrinsèquement à la laïcité, une *spiritualité* dont nous parlerons dans la seconde partie de ce livre, qui n'a rien à voir avec le sacré religieux ni avec le sacré politique, et qui n'a rien à leur envier en termes de profondeur, au contraire. Voilà pourquoi, au fond, la France n'a pas à céder à la « tentation du sacré ». La spiritualité propre à son génie l'attend au-delà, en effet, de toute idéologie qui prétend enfermer le sacré dans sa forme.

---

1. Régis Debray, *Le Feu sacré. Fonctions du religieux* (2003), Gallimard, « Folio Essais », 2005, p. 204.

2. Guy Coq, *Laïcité et République*, *op. cit.*, p. 146.

3

Face au puissant défi de l'islam

La « tentation du sacré » rebondit aujourd'hui pour la France et sa République d'une façon à la fois spectaculaire et extrêmement difficile face au sacré de l'islam. De nouveau, nous sommes tentés de sacraliser nos valeurs, nos lois, notre État et sa laïcité devant la sacralité intangible, indiscutable que nombre de pratiquants de cette religion donnent à la loi de Dieu en la plaçant au-dessus de la loi séculière. Signalons, à cet égard, que là-dessus masses et savants s'accordent : les clercs de l'islam (juristes-théologiens, oulémas, imams, et d'autres) sont sur la même ligne que ce que Yadh Ben Achour nomme l'« orthodoxie de masse[1] ». La loi sacrée d'origine divine est jugée supérieure à toute législation « seulement » humaine, et de ce point de vue l'islam n'a pas encore élaboré cette nouvelle conscience de soi, ce nouveau rapport au sacré qui lui permettra d'être un jour réellement compatible avec la démocratie. Il en a les moyens, je l'ai

1. Yadh Ben Achour, *Aux fondements de l'orthodoxie sunnite*, PUF, 2008, p. 265.

montré encore récemment à travers l'œuvre du penseur réformiste Mohammed Iqbal, selon qui c'est une véritable « démocratie spirituelle qui est le but ultime de l'islam » (« *that spiritual democracy which is the ultimate aim of Islam* »)[1].

Pour l'heure, cependant, regardons la réalité en face : l'islam s'obstine, s'aveugle et s'égare à se considérer comme une « religion de la loi », une « religion totale » dont la *shari 'a* (loi religieuse) aurait vocation à réglementer l'ensemble de la vie humaine, personnelle et sociale, privée et publique, mondaine et existentielle de ses fidèles. De ce point de vue, même les « clercs éclairés » qui proposent aujourd'hui leurs services à la République pour concevoir et faire vivre un islam *de* France, et pas seulement *en* France, ne font partie que de ces générations intermédiaires de religieux encore incapables d'accomplir le pas décisif vers la démocratisation de l'islam et l'abandon du paradigme d'une religion de la loi divine supérieure à toute loi humaine. Leur souhait de créer un islam de France s'inscrit, en effet, dans la limite d'un courant « libéral orthodoxe » pour lequel force reste tout de même en dernier ressort à la loi divine. Bien qu'œuvrant donc réellement et sincèrement à adapter cette loi sacrée aux conditions du monde contemporain et aux situations par-

---

1. Mohammed Iqbal, *La Reconstruction de la pensée religieuse en Islam*, traduit de l'anglais, présenté et annoté par Abdennour Bidar, Gallimard, « Bibliothèque des idées », 2020, p. 323 ; voir aussi Abdennour Bidar, *L'Islam spirituel de Mohammed Iqbal*, Albin Michel, « Spiritualités vivantes », 2017.

ticulières de chaque société, que ce soit en terre d'Islam ou à l'usage des communautés musulmanes vivant hors de ses frontières, leurs efforts se heurtent au « plafond de verre » de cette primauté de la loi divine, qu'ils ne songent ou n'osent pas remettre en cause.

On a observé cela chez Tariq Ramadan, qui appuyait naguère l'idée de créer un « Conseil européen de la *Fatwa* » dont la fonction aurait été de rendre des avis juridiques sur tel ou tel point de la pratique du culte et du respect des obligations traditionnelles dans le contexte des sociétés d'Europe. On l'observe aussi bien du côté des positions « conciliatrices » du recteur de la grande mosquée de Bordeaux Tareq Oubrou. Oubrou et Ramadan ne sont sans doute pas du tout comparables sur le plan de la sincérité, le premier n'ayant pas l'ambiguïté du second dans les propositions « modernistes », mais leur lien est que l'un comme l'autre promeuvent un islam « soutenable » – comme il y a une croissance soutenable –, c'est-à-dire une application de la loi islamique, et une obéissance à cette loi par les musulmans, qui soit souple, évolutive, en mouvement, appropriée aux milieux, aux pays dans lesquels ils vivent (on pense ainsi à ce qu'Oubrou nomme la « *shari 'a* de minorité », c'est-à-dire la loi islamique adaptée au fait que l'islam est ici en Europe la religion d'une minorité) ; une adaptation de la loi qui soit également, selon le grand thème du « souci de soi » appliqué à la vie religieuse[1], compatible avec leurs possibilités et aspirations les plus personnelles. Cette ouverture à ce qu'on pourrait identifier

1. Voir là-dessus Olivier Roy, *L'Islam mondialisé*, Seuil, 2002.

comme une religion progressiste est déjà énorme par rapport à la rigidité traditionnelle ou néoconservatrice des salafistes, et pourtant cela n'est là encore que la préhistoire d'un authentique mouvement de libéralisation de l'islam. Ne soyons pas dupes, en effet, force ici reste à la loi religieuse.

Car cette ouverture *dans la loi* n'a encore rien à voir avec une ouverture *hors la loi*, tout au moins hors la loi juridique, traditionnelle ou adaptée, qui continue ici d'être imposée d'en haut et du dehors à la conscience des musulmans par des chefs religieux qui conservent entier, intact leur pouvoir de domination en étant reconnus comme seuls producteurs légitimes des actuelles adaptations ou aménagements contextualisés de cette loi. Rien à voir, par conséquent, avec l'« islam pour notre temps » ni avec le « self islam » que j'ai moi-même théorisé depuis quelques années dans plusieurs ouvrages[1], c'est-à-dire un authentique passage d'une « religion de la loi » à une « religion de l'autonomie », à une vie spirituelle choisie par chacune et chacun à partir de sa propre intériorité, sans que l'autorité et l'activité contemporaine des clercs ni le modèle de la loi ancienne continuent de planer au-dessus des têtes – le droit à cette autonomie spirituelle et l'apprentissage de cette autonomie, pour qu'elle s'exerce de façon éclairée, étant les conditions nécessaires de la « démocratie spirituelle » dont parle Iqbal.

---

1. Abdennour Bidar, *Un islam pour notre temps*, Seuil, 2004 ; *Self islam. Histoire d'un islam personnel*, Seuil, 2006 ; *L'Islam sans soumission. Pour un existentialisme musulman*, Albin Michel, 2008 ; *L'Islam spirituel de Mohammed Iqbal*, *op. cit.*

Bref, l'islam ayant encore un chemin important à faire vers cette « démocratie spirituelle », il continue de vouloir se faire valoir et reconnaître, ici en France et partout ailleurs, comme « religion de la loi ». Or voilà bien face à quoi resurgit donc notre « tentation du sacré » dès lors que *nombre d'entre nous ne voient – tout bonnement – pas d'autre moyen de résister à l'islam que d'affirmer que nos valeurs et nos lois sont encore plus sacrées que les siennes*. On peut les comprendre, sans être d'accord. Si, en effet, Régis Debray dit que le sacré est déjà « dur » en soi, alors il faut reconnaître que le « sacré musulman » est le « dur des durs » tant il semble qu'il est impossible de faire démordre ses adeptes de l'idée que « leur » sacré est supérieur à tous les autres. J'exagère ? Discutez avec la plupart des musulmans, nombre d'entre eux exposeront sans sourciller que l'islam, étant la dernière des religions révélées, est la meilleure, et que le Coran est *le* Livre sacré, la synthèse suprême et incomparable de toutes les vérités sacrées.

Comment garder la tête froide ?

En présence d'une religion qui paraît aussi sûre d'elle-même et de sa supériorité, qui est aussi puissante par le nombre et la foi de ses fidèles, comment faire face ? Plus difficile encore, comment réagir au terrorisme islamiste qui a frappé la rédaction de *Charlie Hebdo*, le magasin Hyper Casher de Vincennes, puis qui a causé toute une série de tragédies particulièrement meurtrières comme celle du Bataclan le 13 novembre 2015 (90 morts et plusieurs centaines de blessés) puis celle de la promenade des Anglais à Nice le 14 juillet 2016 (86 morts, 458 blessés), et ce jusqu'au meurtre abject de l'enseignant Samuel Paty à Conflans-Sainte-Honorine le 16 octobre 2020 ? Comment, dans l'effroi provoqué par ces attentats, réussir à garder la tête froide et les idées claires pour ne pas faire l'amalgame entre islam et islamisme ? Comment, étant confrontés à cette violence meurtrière de l'islamisme, faire autrement que de déclarer comme « cause sacrée » la défense de notre pays si durement agressé et profondément meurtri ? Comment, face à ce sacré devenu fou, résister à la tentation de convoquer notre République et ses valeurs comme un sacré capable de lui résister ? Comment donc éviter, face à l'islamisme, de tomber dans le piège d'une sacralisation de notre République ?

Voilà de quelle façon l'islam – non seulement par le terrorisme mais par toutes les contestations qu'il oppose à nos valeurs, à notre mode de vie, à notre culture historique au motif de sa « loi sacrée » – vient réactiver le fantasme qui nous a déjà si longtemps poursuivis depuis le début de la modernité, celui d'instituer cette « République de droit divin » qui ferait triompher définitivement « notre » sacré politique contre tous les sacrés religieux, hier celui du catholicisme, aujourd'hui celui de l'islam. La sacralisation de la République ne serait-elle pas ainsi la solution ultime – la seule possible, la seule efficace – contre la force et la radicalité avec lesquelles l'islam nous déstabilise ? Certains ont déjà tranché la question, et nombre d'éditorialistes, de magazines, de forces politiques n'utilisent plus que les *deux rhétoriques associées du sacré et de la guerre* comme contre-offensive face à un islamisme de plus en plus confondu, et de plus en plus ouvertement, avec l'islam tout court.

La force de l'islam remet ainsi en jeu le sacré religieux au centre de nos questions de société, et ce en particulier parce que cet islam, de par l'autorité qu'il accorde traditionnellement à la loi religieuse sur l'ensemble de la vie personnelle et sociale, fait résonner à nouveau en Occident une proposition qu'on n'avait plus entendue depuis fort longtemps : celle d'une religion politique qui réclame le droit de « faire la loi » dans l'espace public. À cet égard, le cas français n'est pas isolé. C'est tout le scénario de la modernité à l'échelle mondiale qui ne s'est pas déroulé comme prévu. Car l'Occident, et à sa suite l'ensemble du monde moderne, pensait depuis le XXe siècle être engagé dans une sécularisation irréversible, une sortie définitive des époques où la religion était une *force politique*. Mais depuis la révolution iranienne de 1979, conduite par Ruhollah Khomeini, l'esprit en alerte de Michel Foucault avait averti que la renaissance de l'islam politique risquait de brouiller sérieusement les voies et la lecture de l'avenir. Car voilà que revenait soudain, de la manière la plus imprévue sur la scène publique mondiale, « cette chose dont nous avons oublié, nous autres, la possibilité depuis la Renaissance et les grandes crises du christianisme : une spiritualité politique. J'entends déjà des Français qui rient, mais je sais qu'ils ont tort[1] ».

Plus personne ne rit aujourd'hui, le sujet étant devenu d'une extrême gravité. Le « retour du religieux » est là, et pas uniquement de l'islam. Ce retour se fait pour le meilleur parfois lorsque la foi et la culture religieuse sont source de sens et ressource d'énergie au service d'un monde plus en paix et plus juste. Mais trop souvent il se fait pour le pire, et ce dans bien des sociétés du monde, y compris la nôtre, lorsque ce même religieux resurgit avec son cortège de vices ataviques : le dogmatisme, l'intolérance, la violence, la superstition, la soumission des femmes par les hommes, la soumission de tous à des lois sacrées qui ne tiennent aucun compte de la liberté de conscience de chacune et chacun.

Toutes les théories occidentales sur la sécularisation comme « sortie de la religion » sont donc à revoir ; non pas que cette sortie n'ait pas lieu et ne soit pas toujours en cours mais parce que son scénario écrit par l'Occident n'était manifestement pas le bon. Il était trop linéaire, comme si le monde humain allait sortir du religieux selon ce que j'appellerais un parfait oubli, une parfaite liquidation de leur héritage ou un parfait transfert de celui-ci dans les religions de substitution – politiques et matérialistes – de la modernité. Or non seulement ce religieux continue d'ordonner l'existence

1. Michel Foucault, *Dits et écrits II. 1976-1988*, Gallimard, 2001, p. 694.

de milliards de gens sur la planète mais son recul progressif d'influence a beau être inexorable, il ne nous laisse pas « sans rien ».

C'est même tout le contraire : comme je l'ai montré dans deux ouvrages en particulier[1], nous sommes sortis des époques religieuses comme d'une « matrice spirituelle » dans laquelle notre « potentiel d'humanité » a été mis en gestation pendant des millénaires, et la modernité où nous sommes entrés fut un « accouchement » dont nous sommes trop jeunes encore, comme l'enfant qui sort du ventre de sa mère, pour comprendre la portée... Là cependant n'est pas aujourd'hui mon propos, et je ne peux que renvoyer à ces livres qui proposent une compréhension nouvelle de la « sortie de la religion », émancipée vis-à-vis du récit occidental, c'est-à-dire sans l'éliminer mais en le mettant en dialogue et en question grâce à des apports venant de l'islam notamment, une autre civilisation embarquée elle aussi dans le processus, et dont j'apporte une part de la contribution critique potentielle à cette histoire en cours de la sécularisation. « Le christianisme, écrivait Marcel Gauchet, est la religion de la sortie de la religion[2]. » Heureusement, ajouterais-je, il n'est pas la seule, et nous ne saurons sans doute réellement ce que

1. Abdennour Bidar, *Comment sortir de la religion*, La Découverte, 2012, et auparavant *L'Islam sans soumission. Pour un existentialisme musulman*, *op. cit.*

2. Sur cette thèse de Marcel Gauchet, voir Jean-François Mattéi, « Le christianisme comme religion de la sortie du monde séculier », *Transversalités*, vol. 123, n° 3, 2012, p. 81-92.

sortir de la religion veut dire (et pour entrer dans quoi) que quand le phénomène aura réellement été pensé à l'échelle planétaire par la coopération universelle des ressources de pensée et de sagesse.

L'école républicaine sous tension

Comment réagissons-nous à ce défi du « retour du religieux » ? Très mal. Tout d'abord, il nous désarçonne d'autant plus que dans notre société si sécularisée, nombre d'entre nous n'ont plus aucune culture digne de ce nom dans le domaine du religieux. C'est le cas de bien des professeurs de l'école publique, par exemple, mise en grande tension par ce phénomène. Règne là une sorte d'athéisme spontané, qui fait regarder la religion comme un obscurantisme et n'a pour elle ni curiosité intellectuelle ni la moindre considération. On oppose ainsi le « savoir » de la science et le « croire » de la religion de manière manichéenne et simpliste, comme si la science avait le monopole de la pensée, de la rationalité, de la connaissance et comme si la religion ne valait rien en la matière mais n'était pétrie que d'irrationalité. On n'a pas idée d'une irrationalité pourtant présente et active dans la rationalité scientifique – dont les découvertes prennent toujours leur source, disait Gaston Bachelard, dans la rêverie supérieure de notre imagination créatrice – et on n'a pas idée non plus d'une profonde rationalité dans l'irrationalité religieuse. On ne lit plus ainsi Blaise Pascal, qui savait distinguer au cœur de la religion l'activité d'une irrationalité supra-rationnelle qui perçoit des réalités d'un autre ordre, non sensibles, non matérielles. Sait-on seulement que les grandes religions ont produit, grâce à cette faculté d'intuition supérieure, des métaphysiques d'une extrême complexité et profondeur ? Sait-on seulement que la plupart des plus grands penseurs des différentes civilisations, y compris la nôtre, se référaient à telle ou telle forme de transcendance parce que, précisément, ils laissaient parler en eux cette intuition dépassant la raison ? De Platon à Einstein, aucun grand esprit, qu'il soit religieux, philosophe ou scientifique, n'a évacué la question de Dieu, et tous ont considéré l'univers et l'existence non pas comme un ensemble de phénomènes seulement matériels mais comme une énigme, un mystère dont la résolution nous attend bien au-delà de la matière et de nos représentations… Mais la religion a tant donné le bâton pour se faire battre, en prétendant apporter des réponses et la clé de l'énigme, qu'elle-même – qui en est pourtant issue – ne transmet plus le sens de ce mystère. Et à l'école aujourd'hui, on est aussi très loin de transmettre cela, c'est-à-dire cette idée pourtant essentielle que religion, science, philosophie, poésie sont autant de cheminements possibles, dont chacun a son génie et ses limites, vers ce mystère. On enseigne plutôt comme une évidence que la science dit la vérité, que la rationalité scientifique et la pensée philosophique sont « supérieures » et qu'elles ont tout simplement mis fin à la superstition religieuse. Cette vision réductrice du réel, lequel serait parfaitement explicable et en bonne voie d'être complètement expliqué par la science, se double d'une vision aussi négative qu'ignorante de la religion, réduite à de l'imaginaire sans valeur morale ou spirituelle – et tout cela va de pair avec d'autres préjugés plus ou moins conscients, notamment que l'athéisme serait la vision du monde la plus intelligente et que « laïcité » voudrait dire « athéisme ».

Dans ces conditions, comment s'étonner que tant de professeurs se sentent si démunis avec leurs élèves lorsque ceux-ci les interrogent sur le religieux ? Comment s'étonner qu'ils soient autant déstabilisés, en particulier, lorsque des élèves expriment une foi puissante ? Comment s'étonner qu'ils se sentent même si facilement agressés alors qu'ils se retrouvent, en fait, remis en question sur leur propre certitude culturellement enracinée que « tout cela ne vaut rien intellectuellement » ? La réaction d'un professeur qui balaie d'un revers de la main les doutes que tel élève va exprimer sur la science, ou les convictions religieuses que cet élève exprime, manifeste un complet décalage culturel entre deux visions du monde... dont chacune souffre souvent du même préjugé de sa propre supériorité ! C'est bien, en effet, le défaut d'un rapport critique à ses propres certitudes qui provoque ce dialogue de sourds. Celui-ci oppose des élèves éduqués dans une religion souvent dogmatique, en particulier du côté musulman ou évangélique, et qui n'admet aucune remise en cause, à des enseignants chez qui l'idée même de « croire en un Dieu » ou en toute autre réalité transcendant la matière est quelque chose de parfaitement étranger et, au fond, d'irrecevable. Le choc est frontal entre ces deux certitudes qui souffrent en réalité du même mal : une incapacité de chacune à douter d'elle-même, à se remettre en cause, à envisager que l'autre l'égale potentiellement en valeur, et vienne même la compléter.

C'est pourquoi, notamment, la question de l'enseignement des faits religieux à l'école publique pose des problèmes jusque-là insurmontables. Alors même que la religion est un phénomène particulièrement important de l'histoire humaine, qui a engendré d'innombrables mythes, symboles, pensées, cultures et morales, et qui continue d'orienter l'existence de milliards d'êtres humains sur la planète, nombreux sont ceux qui estiment pourtant que l'école laïque ne doit pas enseigner les faits religieux, ou bien alors *a minima*, à dose homéopathique, au motif que ceux-ci ne formeraient qu'un ensemble de croyances sans rapport avec la raison, la connaissance et l'exercice de la réflexion sur le monde. A-t-on bien conscience, cependant, que pour comprendre l'histoire des différentes sociétés du monde et les enjeux contemporains, une culture large et approfondie des religions est indispensable, tant le facteur religieux y est directement ou indirectement impliqué ? A-t-on bien conscience, également, que les religions comme « visions du monde » doivent être portées à la connaissance des élèves exactement comme les autres visions du monde produites par la pensée profane, afin que chacun d'eux puisse exercer son esprit critique et choisir par lui-même et pour lui-même, en toute connaissance de cause, la vision du monde ou l'association entre visions du monde lui paraissant la plus juste ?

Bref, pour ces raisons et pour celles évoquées plus haut, Paul Ricœur plaidait pour une nécessaire « laïcité positive de confrontation[1] » à l'école, c'est-à-dire de confrontation intellectuelle au fait religieux ; et Régis Debray dira à peu près la même chose au début des années 2000 dans un rapport rédigé pour le ministère de l'Éducation, notamment en précisant que « le temps paraît maintenant venu du passage d'une *laïcité d'incompétence* (le religieux ne nous regarde pas) à une *laïcité d'intelligence* (il est de notre devoir de le comprendre). Tant il est vrai qu'il n'y a pas de tabou ni de zone interdite aux yeux d'un laïque. L'examen calme et méthodique du fait religieux, dans le refus de tout alignement confessionnel, ne serait-il pas en fin de compte, pour cette ascèse intellectuelle, la pierre de touche et l'épreuve de vérité[2] ? ».

Mais nous demeurons encore loin d'un partage de telles prises de conscience. C'est même plutôt aujourd'hui, à l'inverse, l'alerte générale. Le sujet, en effet, s'est réduit comme peau de chagrin et au lieu de réfléchir à faire sa juste place laïque à un véritable enseignement des faits religieux – et, au-delà de la religion, à tous les questionnements sur le sens de la vie –, on ne parle plus guère de religion que pour s'inquiéter des « contestations de la laïcité » par des élèves au motif de leurs croyances. Ce mot générique de « contestations », toutefois, que recouvre-t-il

---

1. Paul Ricœur, « État, nation, école », intervention prononcée au congrès national de la Fédération protestante de l'enseignement (Lille, septembre 1952), *Foi-Éducation*, n° 23, 1953, p. 57.

2. Régis Debray, *L'Enseignement du fait religieux dans l'école laïque*, rapport public, 1er février 2002, p. 22.

exactement ? Il y a, certes, des attaques en règle contre nos valeurs au nom de l'islam tout spécialement, et quelques stratégies d'entrisme de milieux salafistes. Tel élève ne veut pas entendre parler de la théorie de l'évolution, l'autre d'Israël, etc., et oppose à son enseignant l'idée que « l'islam est la vérité » ou des propos antisémites. Tel parent d'élève réclame que sa fille soit exemptée de tel cours de sport ou d'éducation à la sexualité au motif que c'est contraire à l'islam. Mais à côté de cela, combien d'autres questions d'élèves sont prises à tort pour des contestations ?

Dans nombre de situations, le décalage de vision du monde, qu'on a souligné plus haut, est cause de malentendus : l'élève s'insurge parce que ce qu'il entend à l'école ne correspond pas du tout à ce qui lui a été transmis à la maison, et quand il interroge le professeur ou qu'il s'oppose à lui, c'est tout simplement parce que dans sa tête « ça ne colle pas » et qu'il se sent pris dans un conflit de sens, qui est en même temps un conflit de loyauté entre deux régimes de vérité qui ne s'accordent pas et qui réclament, chacun, la supériorité sur l'autre ; quant au professeur, de son côté, lorsqu'il est engoncé dans ses certitudes rationalistes qu'il tient à tort pour l'expression suprême de toute production de sens, il est par là même incapable de prendre en considération la parole de l'élève comme elle le mérite pourtant, parce qu'il interprétera *a priori* toute référence au religieux comme obscurantiste et hostile, voire, par les temps qui courent, comme islamiste et donc guerrière. Il s'alarmera alors d'autant plus des manifestations d'esprit critique de la part des élèves vis-à-vis de sa pensée rationaliste et matérialiste qu'elles l'entraîneront là sur des terrains où il ne veut ni ne sait se risquer… Et ce alors même que l'école est censée transmettre une culture de l'esprit critique, que l'élève exprime ici !

Le problème est là aujourd'hui. L'école est prise de court face au retour du religieux, parce qu'elle ne veut pas et ne sait pas parler de religion[1], qu'elle ne sait pas le faire de façon laïque c'est-à-dire impartiale et qu'elle s'imagine que parler de religion sera forcément le « cheval de Troie » des religions pour faire entrer leur discours dans le cerveau de la jeunesse ; et parce que les professeurs n'ont ni la culture personnelle ni les outils pédagogiques qui leur permettraient d'accueillir la parole des élèves, dès lors que celle-ci n'est ni violente ni intolérante – car il faut évidemment fixer les limites du respect d'autrui, du dialogue et de la reconnaissance réciproque entre visions du monde différentes. Ce sera là une tâche majeure, comme le soulignait à cet égard Paul Ricœur : « Si la laïcité de la société civile est une laïcité de confrontation [réglée et pacifique des points de vue] entre des convictions bien pesées, alors il faut préparer les élèves à être de bons discutants » et « les initier à la problématique pluraliste des sociétés contemporaines[2] ».

1. Voir Isabelle Saint-Martin, *Peut-on parler des religions à l'école ?*, Albin Michel, 2019.

2. Paul Ricœur, « Éducation et laïcité », *La Critique et la Conviction*, entretien avec François Azouvi et Marc de Launay, Calmann-Lévy, 1995, p. 196-197 ; voir à ce sujet mon article « La responsabilité

Quand donc j'entends qu'on aurait « laissé l'islamisme pénétrer l'école[1] », je ne peux qu'être en profond désaccord avec cette assertion. J'éprouve le besoin de dire, tout au contraire, l'honneur de notre école républicaine. Depuis la loi du 15 mars 2004 interdisant dans son enceinte le « port de signes ou tenues marquant ostensiblement une appartenance religieuse », cette école a su porter une laïcité sereine, ferme face au dogmatisme religieux, et elle a été capable de montrer que, comme il est écrit dans la Charte de la laïcité à l'école, « la laïcité de l'École offre aux élèves les conditions pour forger leur personnalité, exercer leur libre arbitre et faire l'apprentissage de la citoyenneté. Elle les protège de tout prosélytisme et de toute pression qui les empêcheraient de faire leurs propres choix » et elle « permet l'exercice de la liberté d'expression des élèves dans la limite du bon fonctionnement de l'École comme du respect des valeurs républicaines et du pluralisme des convictions[2] ». Dans un pays où s'est déclaré un avis de « tempête » sur la laïcité[3], l'école est restée jusqu'à présent un lieu relativement préservé de la guerre idéologique, et malgré les très grandes difficultés

---

pérenne et actuelle de l'école d'éveiller au "sentiment d'être obligé" et à la "capacité de préférence raisonnable" », *in* Christophe Marsollier (dir.), *L'Éthique à l'école. Quels enjeux ? Quels défis ?*, Berger-Levrault, 2020, p. 69-86.

1. Jean-Pierre Obin, *Comment on a laissé l'islamisme pénétrer l'école*, Hermann, 2020.

2. Charte de la laïcité à l'école, 2013, articles 6 et 8.

3. Philippe Gaudin, *Tempête sur la laïcité. Comment réconcilier la France avec elle-même*, Robert Laffont, 2018.

que j'ai évoquées au sujet de l'enseignement laïque des faits religieux[1], la pédagogie de la laïcité redevient lentement mais sûrement un axe majeur de l'enseignement dispensé. À cet égard, l'assassinat de Samuel Paty a été vécu par notre école comme un choc terrible, du fait non seulement de sa barbarie mais aussi de son injustice particulièrement tragique : voilà en effet qu'était frappée au cœur la seule institution républicaine qui a su, ces dernières années, garder la tête froide et les idées claires, et rester fidèle à sa vocation centrale dans le dispositif laïque de la République en portant un discours équilibré sur la laïcité.

Je ne voudrais donc pas que l'opinion s'imagine que l'école a renoncé ou failli. C'est faux. Elle est au contraire le plus souvent seule à parler de laïcité, dans des territoires où le clientélisme politique a choisi de pactiser avec l'islamisme. Je m'indigne qu'avec cette idée totalement erronée et fantasmatique que l'islamisme aurait investi notre école, notre perception de la réalité en soit arrivée à ce point de distorsion. Ce sont la peur et l'ignorance qui créent cette psychose et qui, nous persuadant d'une situation pourtant imaginaire, font de nous des Don Quichotte en guerre contre des moulins à vent. Ce sont elles également qui nous conditionnent à mobiliser nos valeurs, notre laïcité comme autant d'armes de guerre et d'amulettes sacrées censées exorciser nos espaces sociaux de leur « possession » par cet islam que nos

1. Voir à ce sujet mon article « Quelle pédagogie de la laïcité à l'école ? », *Esprit*, octobre 2014.

propres peurs irrationnelles jugent foncièrement dangereux.

Le raidissement de la laïcité

Plus l'islam nous questionne et nous défie, plus nous semblons ainsi incapables de répondre autrement qu'en sacralisant notre République et nos valeurs. Nous oublions que le génie de la France est de dire non aussi bien au sacré politique qu'au sacré religieux, et nous commettons notamment l'erreur fatale de faire de notre laïcité une arme antireligieuse. Ainsi, au motif de combattre l'islamisme – ce qui est l'urgence indispensable –, nous nous engageons de plus en plus ouvertement dans un mauvais combat contre l'islam lui-même…

Bien sûr, la critique est difficile à entendre. Mais savons-nous que la laïcité française est essentiellement perçue aujourd'hui de l'étranger comme « religion antireligieuse » en général, et « anti-islam » en particulier ? Ce regard extérieur sur le raidissement de notre laïcité n'est pas forcément juste mais il doit tout de même nous alerter sur une dérive. Ainsi que l'a observé et analysé Jean Baubérot, « la première représentation de la laïcité française la rapproche de l'athéisme d'État et/ou d'une suspicion envers la religion » ; « la seconde représentation […] la perçoit comme une sorte de religion (civile) républicaine » ; « une troisième représentation consiste à affirmer que “la France est moins laïque qu'elle le pense” » parce que la neutralité laïque de l'État en matière de religion ne serait que le « masque » de « discriminations subies » par les minorités (les musulmans notamment) et les femmes visées, selon ces critiques, par les lois interdisant le port du voile à l'école et dans la fonction publique. Dès lors, conclut Baubérot au sujet de ces regards extérieurs, « quand ils font des critiques, ce n'est pas qu'ils ne comprennent pas ; c'est qu'ils ne sont pas d'accord[1] ». Pas d'accord avec ce « laïcisme » qui voudrait ainsi laïciser la société tout entière, bien au-delà de la laïcité de l'État, et en concevant cette laïcisation sociale comme l'élimination de toute spiritualité visible – notamment du côté des musulmans.

« Bouter la religion hors de la société », tel me semble être trop souvent désormais le credo laïque dominant. Certains veulent ainsi interdire le port du voile dans la totalité de l'espace social, dans la rue, sur le lieu de travail, à l'université, etc. Sans arrêt cette position se radicalise au point qu'à présent tout sens de la mesure et de la complexité semble en voie d'être perdu. Ce sens de la mesure, c'est un équilibre entre interdiction et permission, par exemple sur cette question du voile qui focalise souvent le débat. Qu'est-il juste d'interdire ? Non pas sans doute tout port du voile, ce qui serait une décision liberticide, mais seulement là où il est contradictoire avec nos valeurs et nos institutions. En l'occurrence, cela limite cette interdiction à deux cas de figure : l'école publique, où les élèves, comme on l'a expliqué plus haut,

---

1. Jean Baubérot, « La laïcité vue de "l'étranger" », blog Laïcité et loi de 1905, 28 décembre 2005.

sont en voie de constitution d'une personnalité libre et ne peuvent donc pas afficher un signe d'appartenance religieuse qui signifierait que ces jeunes consciences ne se sont pas même éveillées à leur propre liberté que les voilà déjà spirituellement conditionnées par leur milieu ; les fonctions de service public ou de délégation de service public, parce qu'en tant qu'agent de l'État laïque on est tenu par un devoir de neutralité, c'est-à-dire qu'on ne peut avoir le droit de manifester ses convictions politiques ou religieuses dans l'exercice de ses fonctions. Ainsi, il y a des limites justes, des interdictions fondées.

Mais sous prétexte notamment de la lutte contre l'islamisme, la laïcité voudrait aller au-delà et à peu près tout interdire. On l'a vu récemment avec le projet de loi « confortant les principes républicains » (initialement loi contre le « séparatisme ») : « La caractéristique première de ce texte, avance Philippe Portier, est de confondre, dans ses motifs comme dans ses dispositions, le traitement du terrorisme et celui du religieux[1] », et c'est là le dernier épisode en date d'une « régulation plus autoritaire du religieux », dans laquelle « la laïcité, initialement conçue, dans l'esprit de Briand et de Jaurès, comme un régime de protection des libertés, se voit transformée en instrument de contrôle des conduites et des croyances religieuses, au nom des "valeurs" que l'État définit [...] Le projet actuel semble bien inverser les choses », car « il comporte une

1. Entretien avec Philippe Portier, « Séparatisme : "La laïcité devient un instrument de contrôle des croyances" », *La Croix*, 25 janvier 2021.

quarantaine d'obligations et d'interdictions inédites ou "confortées", et [...] sur le plan qualitatif, c'est une grande part du corpus des libertés publiques qui se trouve affecté. Les restrictions concernent les élus locaux, les associations (et pas seulement les "cultuelles"), les écoles privées, les familles ». À travers tout cela « mis bout à bout, on voit qu'on bascule du côté d'une laïcité de contrôle » parce qu'« elle n'est plus faite pour articuler la liberté de croire et la liberté de ne pas croire, comme c'était le cas après 1905, elle est utilisée comme un dispositif de sécurisation de l'espace social[1] ». Enfin, dit Philippe Portier, cette dérive a une raison cruciale : si « ce projet de loi n'opère pas un simple toilettage de la loi de 1905 » mais qu'il « bouscule notre droit libéral », c'est « sous l'effet de ce sentiment de "peur" qui, depuis quelques années, structure notre intelligence du monde[2] ».

L'exaspération d'un antagonisme

Quelle alternative ? Elle est simple. Et si nous apprenions enfin à avoir la République modeste ? Si nous choisissions, au lieu de cette impasse liberticide, discriminatoire, autoritaire, une République qui renonce à son fantasme de toute-puissance ? Qui accepte, pour le dire plus politiquement, de *faire la paix avec la démocratie* ?

---

1. Bernard Gorce, Mélinée Le Priol, « La loi sur le séparatisme renforce une laïcité de contrôle », *La Croix*, 9 décembre 2020.

2. Philippe Portier, art. cité.

Nous en sommes cependant d'autant plus loin qu'entre les deux, c'est la guerre. Plus précisément, cette guerre oppose actuellement deux caricatures : la caricature de républicanisme évoquée par Philippe Portier à cette caricature de démocratie qu'est la démocratie libérale d'inspiration anglo-saxonne. Il y a conflit frontal entre les deux visions de la société : tandis que le républicanisme radicalisé se montre de plus en plus intolérant à l'expression de la différence, de la diversité, le démocratisme radicalisé a réussi également ici, en France, à persuader nombre d'esprits que toutes les identités sont légitimes à s'exprimer sans frein dans l'espace public, sans quoi le sacro-saint individu est fondé à hurler à la stigmatisation et à la discrimination de sa non moins sainte « différence ». La République s'est fait là un grand nombre d'ennemis, multiculturalistes, différentialistes, « indigénistes », « islamo-gauchistes », pour reprendre les noms à la mode...

Entre les partisans de ces deux visions de la société, aussi extrémistes et agressives l'une que l'autre, l'antagonisme s'est exaspéré jusqu'à devenir total, au point que les démocrates d'aujourd'hui ne perçoivent plus la République qu'à travers les excès du républicanisme, identifiant donc ses travers à son principe même. De manière symptomatique, par exemple, Gaspard Koenig ne voit plus aucun accord possible entre République et démocratie mais au contraire seulement leur désaccord radical. « Je reprendrais volontiers, écrit-il, la distinction entre République et démocratie, martelée par Régis Debray, mais en me plaçant dans le camp de cette dernière. La République est une forme de communautarisme portée à l'échelle de la nation ; si elle ne supporte pas la “sécession”, c'est qu'au fond elle nourrit le même idéal homogène que ses ennemis, imposant des règles de vie, des manières d'être, des valeurs communes supérieures aux choix individuels. À l'inverse, la démocratie donne la parole à ses contradicteurs. Elle promet d'accepter et d'absorber ses contraires. C'est à la fois sa faiblesse et sa force. Incertaine, instable, toujours traversée de contradictions, elle doit encore et toujours faire ses preuves. Sa survie n'est garantie que par elle-même[1]. »

Cette perception d'une incompatibilité indépassable entre République et démocratie s'observe en particulier au sujet de la laïcité. Républicains et démocrates n'arrivent plus à se parler sur le sujet sans s'écharper, dans un parfait dialogue de sourds, chacun accusant l'autre d'avoir dévoyé le vrai sens de la laïcité. Les républicains accusent la laïcité d'être détournée de son sens lorsqu'elle menace à leurs yeux de se faire trop démocrate en devenant ouverte à l'expression publique du religieux sur le mode des « accommodements raisonnables » du Québec. Les démocrates la déclarent pervertie lorsque, à l'inverse, elle menace à leurs yeux de restreindre trop sévèrement cette même expression. La violence du conflit a conduit chacune des deux positions à se radicaliser, à se caricaturer au point que ce qui était hier audible et recevable des deux côtés a été dénaturé par l'outrance.

1. Gaspard Koenig, « Il est essentiel pour la République de tolérer ses ennemis », *Les Échos*, 13 novembre 2019.

Réconcilier République et démocratie

Il va s'agir pour la France de *se réconcilier autour d'une compréhension partageable de la République et de la démocratie.* Laquelle cependant ? Tel est notre graal politique mais il s'agit là d'une véritable quadrature du cercle. Il y a évidemment du bon en chacun des deux principes, et ma conviction est que leur complémentarité forme le meilleur régime politique. Car chacun équilibre l'autre, au service du maximum de cohésion d'un peuple et de liberté de chacun de ses membres. De son côté, la République unifie le divers en offrant des principes en lesquels chacun, avec ses différences, peut trouver la plus grande justice, et empêche ainsi que la démocratie ne produise une société en miettes, toujours plus introuvable à force d'être atomisée en une multiplicité indéfinie de différentes identités, communautés ou tribus. Quant à la démocratie, elle fait valoir les droits du pluriel, du multiple. Autrement dit, elle fait valoir le besoin légitime d'expression et de reconnaissance de chaque singularité personnelle ou culturelle, préservant par là le basculement de la République au-delà de son projet nécessaire d'unification vers une entreprise illégitime d'uniformisation des identités.

Il s'agirait bel et bien, par conséquent, d'associer harmonieusement le souci de l'un et le souci du multiple : le rassemblement de tous nos concitoyens dans l'unité de *valeurs partagées* avec la reconnaissance de la multiplicité de leurs appartenances, de la diversité d'expression de leurs libertés. C'est ce projet politique, ce bien commun qui, à mon sens, doit mobiliser la contribution du principe de laïcité comme de l'ensemble de nos principes et valeurs constitutionnels. Comment cela se concrétisera-t-il ? Comment comprendre la laïcité et la faire vivre de telle façon qu'elle serve le projet d'une *République réellement démocratique*, ou d'une *démocratie réellement républicaine* ? Il faudra réussir, et rien n'est moins simple, à faire valoir *concrètement* cette laïcité pour ce qu'elle est *idéalement* : un outil au service de la liberté, de l'égalité, de la fraternité. La Charte de la laïcité à l'école recèle d'ailleurs cette compréhension de la laïcité, à travers plusieurs formules qui explicitent parfaitement cet idéal d'une République démocratique, rassemblée et ouverte à sa diversité interne – sans contradiction ; voici l'une de ces formules, qui constitue l'article 3 de cette Charte : « La laïcité garantit la liberté de conscience à tous. Chacun est libre de croire ou de ne pas croire. Elle permet la libre expression de ses convictions, dans le respect de celles d'autrui et dans les limites de l'ordre public. » Comment mieux dire l'harmonie du multiple et de l'un, de l'individuel singulier et du commun partageable, du « je » et du « nous », du « libres ensemble [1] » ?

Hélas, nous venons de voir avec Philippe Portier que nous sommes actuellement au plus loin de la capacité à faire exister un tel équilibre entre République et démocratie. Tout au contraire, face à l'islam notre République

1. Ce dernier développement est une reprise revue et corrigée de mon article paru dans *L'Obs* du 9 décembre 2019, « Il est urgent de retrouver de la sérénité dans le débat sur la laïcité ».

semble incapable de faire autre chose que de se raidir toujours plus, et voilà la parole politique qui ne cesse de devenir toujours plus martiale, avec un président qui se croit autorisé à déclarer que la France serait « en guerre » contre les « ennemis de la République[1] » – comme il déclarera à un autre moment que la France est « en guerre contre le coronavirus[2] ». Quelle folie ! Quel égarement ! Oui, la détermination de l'État contre l'islamisme doit être totale. Mais ceux qui parlent de « guerre » sont étrangement les mêmes qui sont incapables de cette détermination totale. L'emphase de leur communication sur la « guerre » est inversement proportionnelle à leur capacité de combat. Elle ne masque plus guère que leur désertion de la lutte à mener.

Combien de temps encore attendrons-nous un pouvoir politique qui en matière d'islam passe de la parole aux actes ? Cela voudrait dire plusieurs choses, clairement identifiées par tous les spécialistes du sujet comme priorités absolues : la fermeture de tous les lieux de culte dont l'imam ne parle pas le français et n'a pas suivi de formation aux valeurs de la République, et la signature obligatoire par tous les imams de la Charte de conformité de leurs prêches aux valeurs de la République, sous peine d'interdiction immédiate d'exercer leur office ; l'infiltration des réseaux salafistes qui veulent prendre le pouvoir dans les mosquées et les quartiers, suivie de l'arrestation des plus extrémistes et de leur passage en jugement ; la

1. *Le Parisien*, 22 octobre 2020.
2. *Le Temps*, 16 mars 2020.

moralisation de la vie politique qui empêchera le clientélisme des maires avec les salafistes de leur ville ; enfin, un véritable soutien à « l'islam des Lumières », selon la belle expression dont Malek Chebel fit l'intitulé d'un manifeste[1], notamment à travers le développement d'une offre intellectuelle de haut niveau au moment où, dans notre université, « l'islamologie française, c'est-à-dire l'étude de l'islam comme religion et système de pensée, est menacée de disparaître », alors que « l'étude approfondie et véritablement scientifique des textes [le Coran, le Hadith et toute la littérature théologique, philosophique, mystique] reste toutefois une nécessité à l'heure où tant de courants islamistes invoquent justement ces sources des origines[2] ».

« Qui suis-je ? »

Face à l'islam, on l'a vu, la France est reprise par la tentation de sacraliser sa République. Par lui, de ce fait, la voilà reconduite à *l'énigme de sa destinée spirituelle*. Le sacré de l'islam semble simplement avoir remplacé le sacré chrétien dans le rôle du grand antagoniste religieux du sacré politique. Que faut-il donc maintenant lui opposer, à cet islam ? *Ce sacré politique ou pas de sacré du tout ?* Nous

1. Malek Chebel, *Manifeste pour un islam des Lumières*, Hachette Littératures, 2004.

2. Groupement d'intérêt scientifique Moyen-Orient et mondes musulmans (GIS MOMM), *Livre blanc des études françaises sur le Moyen-Orient et les mondes musulmans*, septembre 2014.

ne le savons toujours pas, et ainsi sur le fond rien n'a changé, la plus vieille question demeure, la même interrogation originelle se reproduit en un énième écho – comme si rien encore n'était décidé sur ce plan fondamental de notre relation au sacré. L'islam ne vient à cet égard que nous reposer cette question toujours pas tranchée – comme si nous étions restés en suspens depuis notre précédente crise spirituelle que fut la « guerre des deux France » – la catholique et la laïque – précédant la loi de séparation des Églises et de l'État du 9 décembre 1905. Voilà qu'un siècle après, nous nous apercevons qu'en réalité le plus vieux rendez-vous de notre pays avec lui-même n'a toujours pas eu lieu, que nous ne savons toujours pas qui nous sommes, ni quel est notre génie propre entre les deux sacrés, religieux et politique. L'islam, donc ? Un épouvantail. Un presque prétexte. Certainement pas un intrus. Au contraire, la preuve qu'il est ici désormais chez lui, c'est que sa présence nous renvoie à notre propre interrogation la plus durable sur nous-mêmes. *Face à lui, la France n'est jamais qu'à nouveau face à soi* – simplement rattrapée par l'incertitude spirituelle majeure que nous avons identifiée au cœur de son génie du « non ».

Certains penseront toutefois qu'il n'est pas utile d'aller chercher plus loin ; que le génie de la France est tout simplement dans ce rendez-vous perpétuel que nous avons avec le sacré religieux et le sacré politique, et que notre écartèlement entre les deux constitue notre dynamique propre. L'islam ne viendrait ainsi que relancer l'histoire d'un peuple fait pour osciller sans arrêt entre ces deux sacrés, selon un cycle alternant entre des périodes d'apaisement et des périodes de résurgence du conflit. Ne serait-ce pas là, finalement, le moteur de notre nation ? Selon cette logique, nous serions précisément aujourd'hui en pleine période de résurgence du conflit à cause de (ou grâce à) l'irruption de cet islam qui remet non pas « l'église au centre du village » mais qui repose la question de la place publique du religieux – et ce de la manière la plus frontale, voire brutale, tant cette présence musulmane est massive démographiquement, étrange culturellement, puissante spirituellement, perturbante socialement, violente quand cet islam devient islamisme radical qui tue au nom d'Allâh… mais qui, ce faisant, ne fait en somme que nous remettre le plus cruellement face à cette énigme durable de notre destinée.

Écoutons-la soliloquer, cette France qui s'interroge ainsi sans arrêt depuis des siècles et des siècles : « Mon souci est que plus je sacralise ma République, plus les Français croyants la rejettent comme l'ennemie de leur sacré religieux et plus les véritables athées s'épouvantent ! Plus je sacralise mes valeurs, plus je provoque de réactions hostiles chez celles et ceux qui croient en une loi de Dieu et qui ne veulent d'aucune sacralité ! Plus je sacralise ma laïcité, plus celle-ci apparaît aux chrétiens, aux juifs et aux musulmans comme une antireligion visant à les éradiquer ! Plus elle apparaît en même temps, aux athées cette fois, comme une inacceptable religion politique ! *Suis-je donc réellement vouée à faire régner ce sacré politique, et à le faire adorer à tous mes enfants, au besoin par la force de mes lois et de ma police ?*

« Ou bien dois-je enfin, aujourd'hui, renoncer définitivement à sacraliser ma République ? Résister coûte que coûte à ma tentation de le faire face à l'islam ? Y renoncer comme j'ai renoncé autrefois à reconnaître le moindre pouvoir au sacré religieux ? Voilà à quoi ma laïcité m'appelle. Sans doute… Comment pourtant prendre ce risque face au sacré si puissant de cet islam ? Si je le faisais, ne serais-je pas trop faible face à lui qui est si fort, et dès lors vaincue d'avance, tôt ou tard, par son sacré si conquérant ? *Puis-je donc avoir l'audace de cette faiblesse de ne rien sacraliser face à son sacré si puissant ?*

« Mais alors au nom de quoi réclamerais-je aux musulmans et aux autres croyants que mon ordre humain, seulement humain, borne l'autorité transcendante de leurs lois divines ? Et où ma propre destinée m'attendrait-elle, si ce n'est ni du côté du sacré politique ni du côté du sacré religieux ? Se situerait-elle donc par hasard quelque part *au-delà* de ce que les idéologies religieuses et politiques ont sacralisé ? Et peut-être suis-je donc en réalité, au fond de moi-même, *rebelle à toute autorité sacrée ?*

« Qui suis-je ? Qui donc est mon maître spirituel, si ce n'est ni aucune Église, ni les rois, ni la République, et suis-je réellement faite au fond pour avoir un maître spirituel ? »

Nous touchons là au cœur de l'interrogation et de l'effort pour identifier le génie français. Pourquoi la France moderne n'aime-t-elle pas qu'on la décrive comme la nation qui a sacralisé sa République ? Pourquoi les républicains entretiennent-ils une relation d'amour-haine, d'attraction-répulsion avec l'image sacrée de la République ? Pourquoi la laïcité signe-t-elle en réalité l'arrêt de mort de toute sacralisation du pouvoir ? Est-ce seulement que notre nation n'assume pas sa préférence quasi millénaire pour le sacré politique ? Ou bien que *ce sacré politique lui-même ne lui convient pas plus que ne lui convenait le sacré religieux dont elle s'est émancipée* ?

Une exigence supérieure envers le sacré

La France des rois et de la République qui s'est fantasmée « de droit divin » aurait choisi le sacré politique non pas pour lui-même, non pas comme fin en soi, mais seulement comme moyen transitoire de s'affranchir du sacré religieux en lui opposant la sacralisation d'une autre force que la sienne, et parce que ce mécanisme de sacralisation du pouvoir politique – celui de Philippe le Bel et de la lignée des rois de France issue de lui – représentait le seul fondement que la religion, en l'occurrence la papauté, pouvait identifier comme légitime. Mais par-delà ce stratagème nécessaire, ce que la France aurait cherché ou tenté depuis si longtemps serait tout autre. Elle n'aurait opéré cette substitution du sacré politique au sacré religieux que dans un autre but au-delà même de ce sacré politique. Mais lequel ? Peut-être un *arrachement au sacré tout court* ? Ou tout au moins à ces formes – religieuse et politique – dans lesquelles le sacré s'est historiquement investi ?

Quel serait, suivant cette hypothèse, le sens réel du mouvement de fond de notre histoire politique et culturelle, en même temps que spirituelle ?

Si notre pays n'avait voulu, au fond, ni d'un sacré religieux ni d'un sacré politique, cela signifierait soit que la

France ne veut pas de sacré du tout, qu'elle est le pays qui répudie le sacré en soi, soit qu'elle ne veut pas d'un sacré qui serait investi dans ces deux formes. La première hypothèse est invalidée par la façon même dont la France a sacralisé d'abord son pouvoir monarchique, puis sa République bien qu'elle s'en défende. Manifestement, la France aime le sacré, elle en a exprimé un besoin trop constant pour qu'on puisse estimer qu'elle pourrait s'en passer ou s'en détacher. Mais l'antagonisme insoluble, rémanent et récurrent entre sacré religieux et sacré politique tout au long de notre histoire serait le signe de l'inadéquation profonde de l'un comme de l'autre au génie de notre pays. De là la seconde hypothèse que nous avons formulée : le refus ancien par la France de se soumettre au sacré religieux, et sa résistance à l'idée qu'elle a créé un sacré politique en absolutisant sa République, pourrait signifier qu'*elle est en quête d'un sacré qui ne serait ni religieux ni politique* ; plus précisément encore, *la laïcité de la France serait porteuse d'une exigence envers le sacré supérieure à la sacralité que peuvent lui offrir le religieux et le politique, et cette laïcité témoignerait d'un sens du sacré, d'une exigence spirituelle au sujet du sacré que ni l'un ni l'autre ne peuvent exprimer ni satisfaire*.

Ce serait cette exigence même qui convoque la France de siècle en siècle, et non pas l'appel du sacré politique. Celui-ci ne constituerait qu'un totem de plus qu'elle veut abattre, et à cet égard la tête coupée de Louis XVI signifierait bien davantage que la fin de l'Ancien Régime : la destruction programmée, fatale, de toute autorité sacrée, religieuse ou politique, qui prétend régner sur elle ! Si nous sommes un peuple et une nation révolutionnaires, à cet égard, c'est que nous disons non à tout ce qui prétend gouverner au nom du sacré, et le génie français, d'essence *anarchiste*, nous appellerait alors par-delà les formes, totems et emblèmes, icônes et idoles, mythes fondateurs et grands récits du sacré religieux comme du sacré politique. Non pas l'État contre l'Église, ni à sa place, mais la liberté vis-à-vis de ce que l'un et l'autre sacralisent…

II.

La laïcité ou la destruction des idoles

1

Laïcité et liberté

Que disons-nous, sans nous en rendre compte, lorsque nous répétons depuis plus d'un siècle que la laïcité est ce principe politique garantissant qu'il n'y a pas de religion d'État ?

Traditionnellement, paresseusement, nous entendons cela comme l'idée que, nulle religion ne gouvernant plus, nous voilà titulaires, comme citoyens, d'une liberté de conscience et d'expression qui n'a plus rien à craindre de ce qu'un pouvoir religieux ordonnerait, interdirait ou discriminerait en matière de croyance et d'incroyance religieuses. Bref, pour nous la laïcité donne accès à une liberté publique, une liberté politique. Mais en réalité cela va beaucoup plus loin. Nous libérant d'un pouvoir religieux, la laïcité nous donne accès non seulement à une liberté politique mais aussi à une pleine et entière liberté de choix dans le domaine spirituel, c'est-à-dire du sens que chacune et chacun souhaite donner à son existence. Nous ne pensons presque jamais à présenter la liberté politique offerte par la laïcité comme cette liberté spirituelle qu'elle procure en même temps, et pourtant il y a là quelque chose d'extraordinaire.

Cela seul, en effet, permet de situer l'événement de la laïcité à sa juste mesure, à savoir comme un événement qui ne concerne pas seulement notre existence sociale comme citoyens mais tout autant notre existence spirituelle comme consciences humaines en responsabilité de donner à leur vie le sens qui leur paraît le plus juste et le plus essentiel. La laïcité s'adresse en nous aussi bien à l'animal métaphysique qu'à l'animal politique. Elle libère les deux. Prendre conscience de cela, c'est se donner les moyens de comprendre la laïcité comme événement débordant très largement, par le haut, le cadre politique – comme événement existentiel et pas seulement politique. Avec elle, désormais chacun se trouve doté de l'entière responsabilité *métaphysique et sociale* de donner à sa vie le sens fondamental qu'il veut, et nous Français sommes donc rendus par la laïcité *souverainement* libres, affranchis de la domination des dieux comme de celle des hommes.

Ici les dieux n'ont rien à nous commander, à nous les êtres humains. Tel est bien le génie *politique* de la France, que nous avons identifiée dans la première partie de ce livre comme « le pays qui dit non ». Non à quoi, ici, en l'occurrence ? Non à quoi essentiellement ? À cette domination des hommes par les dieux. Car nous sommes ce pays qui a réussi à penser ensemble et à garantir ensemble la liberté spirituelle et la liberté politique, en instituant politiquement une liberté laïque dont le fond est spirituel. Ainsi notre laïcité française vient-elle expliciter, achever, en le *révélant*, ce que toute démocratie dans le monde porte seulement de façon implicite : l'affirmation prométhéenne que nous les hommes avons congédié le pouvoir des dieux. Le génie laïque de la France est ainsi de proclamer le sens profond de la démocratie et, de ce fait, de le porter à une pleine conscience de soi, tandis qu'il reste habituellement inaperçu, invisible et inconscient dans la formule du « gouvernement des hommes par les hommes ». Or le génie laïque français permet de déployer pleinement la signification de cette formule, en explicitant le principe et l'ambition propre de la démocratie comme « gouvernement des hommes par les hommes *et non plus par les dieux* ». En rendant cela explicite, l'institution de la laïcité donne à la démocratie sa pleine mesure – et c'est le génie politique de la France qui fait justice au génie de la démocratie, par cette autorévélation complète de son sens non seulement politique mais métaphysique.

Ce que la démocratie n'ose souvent pas dire d'elle-même, ou ce qui manque ordinairement à sa conscience de soi – à savoir cette *rébellion métaphysique contre les dieux* ou, pour le dire de manière plus irénique et juste, ce transfert de pouvoir des dieux vers les hommes, cet héritage divin tombé entre nos mains –, la laïcité le proclame. Elle offre par conséquent la possibilité de réaliser qu'en démocratie le fondement naturel a remplacé le fondement surnaturel, le dialogue des consciences et des raisons humaines a remplacé le recours à la parole des dieux pour instituer un ordre juste. Jaurès disait, en ce sens, que « laïcité et démocratie sont deux termes identiques ». « Mais qu'est-ce à dire ? » interrogeait-il, répondant ceci : « Et si la démocratie fonde en dehors de tout système religieux toutes ses institutions, tout son droit politique et social, famille, patrie, propriété, souveraineté, si elle ne s'appuie que sur l'égale dignité des personnes humaines appelées aux mêmes droits et invitées à un respect réciproque, si elle se dirige sans aucune intervention dogmatique et surnaturelle, par les seules lumières de la conscience et de la science, si elle n'attend le progrès que du progrès de la conscience et de la science, c'est-à-dire d'une interprétation plus hardie du droit des personnes et d'une plus efficace domination de l'esprit sur la nature, j'ai bien le droit de dire qu'elle est foncièrement laïque, laïque dans son essence comme dans ses formes, dans son principe comme dans ses institutions, et dans sa morale comme dans son économie. Ou plutôt, j'ai le droit de répéter que démocratie et laïcité sont identiques[1]. »

Il y a cependant encore plus fort, spirituellement et historiquement parlant. La laïcité est séparation des Églises et de l'État ? Déliaison donc du religieux et du politique ? Là encore, l'ordinaire de notre réflexion se contente de cela – qui est pourtant trop peu. Que produit en réalité cette séparation ou déliaison ? Selon la logique de ce qu'on vient de voir, cette séparation du religieux et du politique a un effet paradoxal. L'État laïque, en effet, offre à chaque citoyen le droit d'une pleine liberté spirituelle. Dès lors, ce qui sépare deux choses en unit simultanément deux autres, et la séparation produit une union. *La séparation des Églises et de l'État est liaison autant que déliaison, liaison du spirituel et du politique opérée par la déliaison même du religieux et du politique.* Là non plus,

1. Jean Jaurès, « République, démocratie et laïcité », discours de Castres, 30 juillet 1904.

cependant, nous ne songeons pas à cette dimension spirituelle, et ne savons ni la conscientiser ni l'expliquer lorsque nous parlons de laïcité. Or c'est tout à fait nécessaire et crucial si l'on veut se donner et donner une représentation juste du génie de celle-ci, car ce paradoxe de la laïcité la signale non pas seulement comme un événement métaphysique en général mais comme l'événement métaphysique qui ouvre les temps à venir. L'événement de l'*avènement* métaphysique du futur spirituel de l'humanité. En quel sens ?

Les époques religieuses étaient régies par la liaison du religieux et du politique, ce qu'on appelle le « théologico-politique ». La religion dominait les sociétés et les consciences, comme la ressource majeure de sens, de culture et d'ordre social et civilisationnel. Puis la modernité est arrivée, le monde s'est sécularisé, la religion a perdu sa position centrale. Même là où elle continue d'orienter la vie de milliards de fidèles et de contribuer à la structuration de l'ordre social, elle ne retrouvera plus jamais son autorité parce qu'elle est trop concurrencée et secondarisée par l'ensemble des idéaux et valeurs de la culture profane (l'individu, le bonheur, l'argent, etc.) et des « religions politiques de substitution » qui, tout au long de la modernité, n'ont cessé de parodier les cultes religieux au profit de ces nouvelles idoles qu'ont été la Raison, la Science, la Nation, le Progrès, le Bonheur. Toutefois, la durée de vie de ces religions profanes a été incroyablement plus brève que celle des religions ancestrales. Le pseudo-religieux – idéaux et idéologies – qui avait pris le relais du religieux n'a pas brillé bien longtemps. Les lumières allumées au XVIIIe siècle se sont vite éteintes. Nous vivons ainsi, en ce début de XXIe siècle, dans le crépuscule de ces idoles modernes, comme Nietzsche voyait dans le XIXe siècle le crépuscule des anciennes idoles religieuses ; et cette ère post-moderne de « fin des idéologies », de « crise des valeurs » et de « perte de sens » est bien celle où tous les soleils qui avaient éclairé la modernité ont pâli jusqu'à l'évanescence. De sorte que le monde humain apparaît désormais comme doublement désenchanté : au premier « désenchantement du monde » qui correspondait à la sécularisation a succédé, en effet, ce second désenchantement de la sécularisation elle-même... qui fait apparaître maintenant les pseudo-religions modernes davantage comme un résidu des époques religieuses, plutôt donc comme une queue de comète, que comme un phénomène réellement original et nouveau.

Mais alors rien jusqu'à présent n'a proposé d'aller plus loin que la « sortie de la religion », qui s'est simplement poursuivie jusqu'à l'agonie présente des pseudo-religions modernes. Celles-ci n'ont pas tenu leur promesse : elles ne nous ont fait entrer dans rien de nouveau. En elles n'ont fait que s'achever les époques religieuses. Rien ainsi, je le répète, n'a ouvert pour nous et devant nous une ère réellement post-religieuse. Rien... sauf la laïcité ! Selon cela même qu'on vient de voir, en effet, la laïcité propose bel et bien d'aller plus loin que la « sortie de la religion », et ouvre ce faisant la voie d'un dépassement encore intenté de la sécularisation moderne, parce qu'elle vient nouer le spirituel et le politique et plus seulement dénouer le lien ancien du religieux et du politique. Si elle ne faisait que délier, elle n'ouvrirait rien, elle se contenterait d'achever.

Mais comme elle lie en plus de délier, comme elle noue en même temps qu'elle dénoue, elle ne se contente pas d'achever un processus de civilisation, elle inaugure le suivant.

Elle ouvre, plus précisément, une troisième période pour notre humanité historique : après les époques religieuses qui nouaient le spirituel et le politique par le religieux, après la modernité qui abandonnait le spirituel en dénouant le politique et le religieux, la voilà en effet qui renoue le spirituel et le politique sans le religieux. La laïcité correspond, en ce sens-là, à cet avènement d'une nouvelle ère spirituelle pour l'humanité qui est une ère méta- ou post-religieuse. *La séparation est liaison, non seulement « sortie de la religion » mais entrée dans l'âge spirituel post-religieux* – cet âge que Joachim de Flore avait peut-être aperçu déjà dans l'avenir lorsqu'il évoquait, au XIIe siècle, « trois âges » pour une présente humanité appelée à connaître une ère de « liberté » spirituelle après être passée par l'« esclavage » aux dieux puis par la « soumission filiale » à leur pouvoir[1]. Mais si la laïcité est quelque chose comme l'un des événements inauguraux de cette ère spirituelle nouvelle, alors le sens de celle-ci nous échappe encore trop largement. Comme le disait Hegel, c'est seulement au crépuscule que s'envole la chouette de Minerve – autrement dit, seulement après coup que nous vient la compréhension des événements, parce que l'intelligence est toujours en retard sur le mouvement de la vie.

1. Cité et analysé par Gianni Vattimo, *Après la chrétienté. Pour un christianisme non religieux*, Calmann-Lévy, 2004, p. 50.

Ici, en l'occurrence, nous ne pourrions donc pour l'heure que tenter de *deviner* ce que la laïcité inaugure spirituellement pour l'humanité à partir de sa lueur initiale, comme on commence tout juste à percevoir un nouveau jour à partir des premiers rayons de l'aube.

C'est exactement ce que nous allons faire maintenant : scruter le « spirituel humain » d'un type nouveau qui surgit dans la laïcité et qui fera de la France, si nous sommes à la hauteur de cette promesse, le pays qui annonce l'aube – comme son coq emblématique –, le pays d'une aurore spirituelle majeure pour l'humanité.

« Laisser vide la place de la croyance »

Dans *Le Feu sacré*, Régis Debray dit en passant que la laïcité aboutit à « laisser vide la place de la croyance[1] ». De même, Catherine Kintzler écrit : « Ici, le vide, c'est celui de la croyance et de l'incroyance [...] la laïcité fait le vide sur ce que nous croyons ou pas[2]. » Cette idée est capitale pour commencer d'explorer le génie laïque de la France tel qu'il a commencé à se manifester dans l'histoire de notre pays de manière explicite et presque déjà consciente de soi à partir de la loi de séparation des Églises et de l'État du 9 décembre 1905. Quel sens donner à cette image d'un « vide » ou d'un « abîme » ouvert par la laïcité ? Le

1. Régis Debray, *Le Feu sacré. Fonctions du religieux*, Fayard, 2003, p. 352.

2. Catherine Kintzler, *Penser la laïcité*, Minerve, 2014, p. 158.

revoilà donc cet « abîme » que nous évoquions au départ de ce livre…

Aussitôt après avoir utilisé l'expression de « place laissée vide de la croyance » par la laïcité, Régis Debray s'interroge sur ce « vide » : « Comment le rien peut-il unir[1] ? » Mais précisément, lui répondrons-nous, ce vide laïque est-il un « rien » ? Pourquoi préjuger qu'il en soit un ? Voilà ce que nous allons examiner maintenant. Le vide laïque est-il un rien au centre de la Cité républicaine française ? Ou bien ce vide même serait-il quelque chose ? Quel est donc le sens du vide laïque ? *Quels sont sa profondeur et son fond ?*

Pour y réfléchir, relisons d'abord les deux premiers articles de cette grande loi laïque de séparation des Églises et de l'État. Son article 1 énonce que « la République assure la liberté de conscience. Elle garantit le libre exercice des cultes sous les seules restrictions édictées ci-après dans l'intérêt de l'ordre public ». L'article 2 le complète en énonçant : « La République ne reconnaît, ne salarie ni ne subventionne aucun culte. »

« Liberté de conscience » et « libre exercice des cultes », cela veut dire choix personnel pour chacune et chacun de son option spirituelle : foi religieuse de quelque confession que ce soit, agnosticisme, athéisme. Il y a des églises, des synagogues, des mosquées, des temples, des dojos zen et des pagodes dans la Cité, tous y ont leur place, aucun culte n'est proscrit et nul n'est contraint ou empêché de se rendre dans ces lieux de culte. « Non-

1. *Ibid.*, p. 353.

reconnaissance des cultes » alors même qu'est reconnu leur « libre exercice », cela signifie « à la fois la non-reconnaissance de la religion au sens politique, c'est-à-dire le refus de lui donner une fonction sociale et politique officielle, et la reconnaissance de l'exercice public des cultes[1] » ; et cette non-reconnaissance « induit effectivement de faire disparaître tous les éléments qui donnaient aux religions un statut officiel[2] ».

Le vide évoqué par Debray est créé par une abolition, car, dit Patrice Rolland, « il s'agit de mettre fin à un statut particulier et officiel des Églises en tant qu'il signifiait leur rôle public, reconnu et sanctionné dans la société[3] ». Il n'y a plus de religion officielle ni de religion d'État possible. Le sens et la valeur du vide laïque, c'est, par conséquent, la dévitalisation complète, létale car légale du pouvoir religieux et, par là même, l'ouverture de l'espace public à la liberté spirituelle. C'est donc en fait au bénéfice de la liberté de conscience, y compris la liberté de culte, que la laïcité va « laisser vide l'espace de la croyance » qui n'est plus *rempli* par le *plein* d'une religion d'État ou d'une religion reconnue et d'une loi de Dieu qui énonceraient *a priori* une vérité sacrée. Laisser vide, c'est donc laisser libre chaque citoyen de ses convictions spirituelles.

Le vide dont parle Debray n'est pas ainsi le rien, le néant,

1. Patrice Rolland, « Qu'est-ce qu'un culte aux yeux de la République ? », *Archives de sciences sociales des religions*, vol. 129, 2005, p. 51-63.

2. *Ibid.*

3. *Ibid.*

mais l'espace ouvert pour la liberté spirituelle personnelle. La laïcité offre à la vie spirituelle de chaque conscience citoyenne le vide magnifique de la liberté et de la responsabilité spirituelles. Mais alors qu'est-ce que la laïcité, sinon un existentialisme de premier ordre ? On appelle « existentialisme » cette philosophie de la liberté qui considère, par exemple chez Jean-Paul Sartre, que « l'existence précède l'essence », c'est-à-dire que chaque homme choisit son existence sans être déterminé à agir de telle ou telle manière par une « essence », qui serait son caractère, sa nature ou son destin, ni conditionné par le monde en face de lui, les circonstances, les événements, l'époque ou l'Histoire. Non, dit Sartre, « l'homme est responsable de ce qu'il est », pleinement, « sans excuses ». Ainsi, ce que l'homme crée par sa liberté, c'est bien un vide (Sartre appelle « néantisation » cet acte créateur de vide). Car la liberté ouvre continuellement l'espace de son expression dans le plein du monde et de la vie, comme une bulle qu'elle formerait devant elle au fur et à mesure qu'elle avance. Dès lors, explique-t-il, « la première démarche de l'existentialisme est de mettre tout homme en possession de ce qu'il est et de faire reposer sur lui la responsabilité totale de son existence. Et, quand nous disons que l'homme est responsable de lui-même, nous ne voulons pas dire que l'homme est responsable de sa stricte individualité, mais qu'il est responsable de tous les hommes [...] C'est le second sens qui est le sens profond de l'existentialisme. Quand nous disons que l'homme se choisit, nous entendons que chacun d'entre nous se choisit, mais par là nous voulons dire aussi qu'en se choisissant il choisit tous les hommes. En effet, il n'est pas un de nos actes qui, en créant l'homme que nous voulons être, ne crée en même temps une image de l'homme tel que nous estimons qu'il doit être [...] je suis responsable pour moi-même et pour tous, et je crée une certaine image de l'homme que je choisis ; en me choisissant, je choisis l'homme[1] ».

Dans cette perspective, la laïcité qui « laisse vide la place de la croyance » sympathise avec la liberté humaine. Car les deux sont créatrices de ce vide qui permet justement à cette liberté de s'exprimer. La laïcité est à cet égard la reconnaissance politique plénière de ce qu'est l'exercice d'une subjectivité libre, la garantie légale de sa capacité intrinsèque et de son besoin légitime d'avoir devant elle tout l'espace pour se déployer comme création continuelle de soi par soi. Plus précisément, la laïcité comme *existentialisme inséparablement politique et spirituel* ouvre devant chaque subjectivité citoyenne et existentielle l'espace public d'une entière liberté de choix du droit entre croire ou ne pas croire. Plus encore, en offrant ce même vide pour la liberté spirituelle à toutes et tous, athées, agnostiques, croyants de tous bords, sans aucun privilège ni aucune discrimination, la laïcité leur ouvre du même coup deux autres accès, l'un à une parfaite égalité spirituelle, l'autre à une fraternité spirituelle entre pairs. Ce faisant, la laïcité spiritualise donc la devise républicaine : elle permet à chaque citoyenne et chaque citoyen de vivre la liberté, l'égalité, la fraternité comme une expérience

1. Jean-Paul Sartre, *L'existentialisme est un humanisme* (1946).

spirituelle ; et elle permet à la société gouvernée par un État laïque d'exister comme écosystème spirituel.

Le trop-plein religieux

Le vide est le contraire du plein. Ce vide laïque n'échappe pas à la règle. Il s'oppose au « spirituel plein » qui ne laisse pas d'espace, ou ne donne pas assez de place, à la liberté. Qu'est-ce donc que ce spirituel plein et contraint ?

C'est le spirituel qui étouffe dans les religions lorsque celles-ci deviennent un *trop-plein* – de dogmes, de rites, d'obligations et d'interdits – et qu'elles oublient alors qu'en leur propre cœur il y a le vide du sacré en soi qui est « Mystère » (*Ghayb*) [1], le vide du pur Mystère divin, présent dans le monde par son Absence même ou absent de ce monde par sa Présence même. Je l'ai déjà évoqué au début de ce livre et nous allons bien vite le retrouver lorsque nous chercherons à sonder toujours plus en profondeur le vide laïque… Pour l'instant, cependant, considérons ce *trop-plein du religieux* qui, à l'inverse du vide laïque, ne laisse généralement que peu de place à la liberté spirituelle. Le religieux correspond, en effet, communément à une conception « pleine » ou « close [2] » du

1. Sourate II, 3.

2. « Close » au sens de la distinction faite par Henri Bergson au niveau de la morale, entre une morale « close » et une morale « ouverte ».

sacré, dès lors qu'il investit celui-ci dans toute une série de formes, c'est-à-dire toute une foule de symboles, de dogmes, de lois, de rites, de lieux, de mœurs. Selon l'heureuse formule de Roger Caillois, « la religion est l'administration du sacré[1] », autrement dit l'opération (impossible ?) d'inscription de la subtilité ou volatilité extrême du Mystère du sacré dans un système matériel censé le receler. Ainsi, disait Caillois, « les rites en utilisent les propriétés, la moralité religieuse en dérive, les sacerdoces l'incorporent, les sanctuaires, lieux sacrés, monuments religieux [le] fixent au sol et l'enracinent[2] ». Comment cependant arrimer au sol un nuage ?

Chaque religion revendique de surgir tout entière du Mystère même du sacré. Elle prétend que son trop-plein naît de son vide. Dans quelle mesure cette allégation est-elle fondée ? Tout cela – dogmes, lois, rites, symboles, mœurs de la religion – viendrait de la parole d'un Dieu dont la réalité profonde serait le Mystère même et dont la première force serait précisément celle-ci : exprimer cet indicible du Mystère dans cet ensemble de formes… avec le risque que l'eau issue de cette source se perde dans les sables, c'est-à-dire que dans la lourdeur du matériau religieux, de son système, l'inspiration première s'étiole et que le Mystère finisse par s'évanouir. Voilà pourquoi le religieux, censé être le lieu d'accueil du vide, est menacé au contraire de l'ensevelir. Toutes les religions sont guet-

1. Roger Caillois, *L'Homme et le Sacré*, Gallimard, « Idées », 1950, p. 18.

2. *Ibid.*

tées par ce péril, celui de perdre leur art de relier vide et plein, Mystère du sacré et formes du sacré. L'inflation des formes menace dans toutes les religions historiques, à travers le déploiement de leurs métaphysiques et théologies, la multiplication de leurs courants, écoles, et la rigidification de leurs dogmes et lois. Ces formes du sacré donnent aux religions qui ont le plus d'adeptes – christianisme, islam, hindouisme, bouddhisme – à la fois leur unité à l'échelle d'une civilisation (c'est l'invariant des dogmes, des lois et des rites fondamentaux) et leur diversité interne selon les mille et une façons dont cette religion s'inscrit à chaque fois dans une société donnée, selon que l'on est un chrétien catholique, orthodoxe ou protestant, un bouddhiste du Petit ou du Grand Véhicule, un musulman d'Asie centrale, d'Indonésie ou du Soudan. Le religieux finit toujours par cette pléthore et cette saturation de formes, et ce d'autant plus qu'il y a autant de formes du sacré religieux que de diversité interne à une religion donnée, puis autant de formes qu'il y a de religions différentes, et enfin d'autres formes dérivées de sacré religieux dans tout ce qui relève, pour le monde moderne, des religions de substitution ou religions politiques, comme le messianisme communiste de la société sans classes ou le credo libéral.

Bref, en tout cela le sacré religieux est un *sacré formel* qui, comme tel, ne laisse pas facilement s'exprimer la liberté personnelle, parce que le croyant d'une religion est obligé par l'orthodoxie et le jugement social de se plier aux formes établies de sa religion. À partir de ma propre expérience, qui est entrée en résonance avec celle de bien des lecteurs de mon livre, j'avais ainsi montré dans *Self islam*[1] comment la liberté spirituelle fut pour moi une conquête malaisée vis-à-vis de ce que voulait m'imposer la « forme islam ». Outre ce problème de droit pour la liberté personnelle de conscience vis-à-vis d'un sacré très « plein », celui-ci pose un autre problème : chaque forme religieuse du sacré étant presque invinciblement persuadée, chez la plupart de ses fidèles, d'être « la meilleure forme » dans laquelle la vérité ultime de l'univers et de l'existence s'exprime de la manière la plus parfaite, cela expose les formes entre elles à un conflit insoluble, tantôt larvé tantôt ouvert, ponctuellement et partiellement anesthésié par le dialogue interreligieux mais dégénérant régulièrement à cause du fanatisme en guerre de religion. Aussi longtemps que l'être humain restera dans l'immaturité spirituelle qui l'expose à se laisser fasciner et fanatiser par telle ou telle forme de sacré, il restera un danger pour les autres. Car sa foi aveugle sera tôt ou tard exploitée par sa volonté de puissance, qui le poussera à vouloir imposer la supposée supériorité de *son* sacré par la force ou à vouloir séparer sa communauté d'« élus » du reste de l'humanité.

La libération de la religion

Qu'opère donc la laïcité vis-à-vis de la religion ? Le rappel du vide. Le rappel, par « la place de la croyance laissée vide », du Mystère qui est au cœur et à l'origine de chaque

1. Abdennour Bidar, *op. cit.*

religion. En termes musulmans, je dirais que la laïcité est le *dhikr* (rappel) politique du Mystère. La laïcité ne contredit pas ainsi la religion elle-même, elle ne lui est pas hostile, elle n'est pas son ennemie. Voilà ce que nous devons toujours commencer par dire, parce que là est le plus grand malentendu actuel à son sujet. Mais au nom de quoi disons-nous cela ? Au motif de quelle raison la plus fondamentale ? Au nom de cette raison spirituelle méta-religieuse, parce que transcendante aux formes de la religion, que la laïcité exprime le droit du vide, le droit du Mystère essentiel de la réalité. Dès lors, il est clair que la laïcité ne s'oppose qu'à la volonté de puissance du religieux, pas à la religion elle-même. Son vide, en effet, ne la menace pas. Son vide ne menace même pas les mille et une formes prises par le sacré, il interdit *seulement leur prétention à prendre la place du Mystère, à remplir son vide par leur trop-plein.* La laïcité interdit donc en fait aux religions *d'usurper le pouvoir spirituel et de se battre entre elles pour se disputer cette usurpation du pouvoir.* En revanche, il est de salubrité publique de le répéter par les temps de confusion qui courent, ce vide que la laïcité institue n'interdit pas l'expression religieuse, chacun étant laissé libre de croire ou de ne pas croire ; et ce vide laïque n'ordonne pas non plus la relégation de la religion dans l'espace privé, il n'interdit pas ses expressions publiques pourvu qu'elles ne troublent pas l'ordre public. En un mot, la laïcité fait de la religion une affaire libre, aussi libre que toutes les autres affaires humaines, puisqu'elle libère la religion elle-même de sa volonté de puissance.

Réussirons-nous à faire entendre cela, que la laïcité

n'est pas l'ennemie de la religion ? À le faire non seulement comprendre mais partager ? À le faire partager en portant la laïcité ainsi que nous l'éclaircissons ici, comme une offre de liberté et une chance pour la religion elle-même ? La tâche sera rude étant donné le nombre et la force des courants qui, pour des intérêts souvent antagonistes entre eux, alimentent aujourd'hui sciemment la confusion au sujet de la laïcité comme « arme de destruction massive du religieux » : l'islamisme, qui a bâti toute une théorie de la guerre soi-disant faite à l'islam par la « religion moderne des valeurs occidentales » ; le mouvement décolonial, qui veut assimiler la laïcité et la République à un « impérialisme fasciste » visant à éradiquer toute autre vision du monde que la sienne ; le clientélisme politique qui, de l'échelle municipale à l'échelle nationale, prétend faire justice aux revendications de « visibilité » de l'islam (horaires réservés pour les femmes dans les piscines, droit aux menus *halal* dans les cantines, etc.) en déclarant la laïcité trop « liberticide » ; le laïcisme antireligieux, qui est la maladie infantile durable de la laïcité, la pulsion d'intolérance qu'il partage avec le religieux ; ce républicanisme populiste dont on a déjà parlé, qui veut faire de la laïcité et des valeurs de la Nation une « religion civile » ayant seule droit de cité dans l'espace public.

Tous ces partis sont pyromanes. Les uns et les autres ne s'accordent que pour défigurer la laïcité en adversaire de la religion… à des fins diamétralement opposées : l'islamisme, le décolonialisme, le clientélisme la caricaturent pour la disqualifier et la rejeter ; le laïcisme, le républicanisme, le populisme la caricaturent pour s'en servir d'étendard de guerre contre le religieux en général et l'islam en particulier. Pauvres de nous… Quand elle ne se laisse pas ainsi instrumentaliser, la laïcité est parfaitement accueillante pour la religion. Elle garantit simplement que nulle religion n'imposera *sa* forme de sacré, et pour cette raison *les religions devraient lui être reconnaissantes* parce qu'elle leur offre une opportunité unique de se débarrasser de leur appétit de pouvoir, en même temps que d'un autre péril qui les a toujours dénaturées historiquement, à savoir leur instrumentalisation par le politique.

Le thème est majeur pour réconcilier. Encore une vertu paradoxale de la séparation laïque ! En séparant le religieux du politique, la laïcité en effet rend un service inestimable aux religions et leur permet de vivre en paix avec tout le monde. Dans leur langage, elle les purifie, elle les exhausse à la sainteté, ou tout au moins à l'humilité d'une existence libérée de l'ego de la domination. Car en les privant de pouvoir politique, la laïcité permet aux religions de se consacrer à leur vocation spirituelle, ou de se recentrer sur elle. Mais qu'on est loin de pouvoir faire valoir aujourd'hui dans le débat public ces vertus de la laïcité pour la paix et la liberté ! Nous aurons besoin dans les années à venir d'une pédagogie, la plus puissante qui soit, et d'une culture renouvelée de la laïcité qui chassent des esprits le préjugé que laïcité et religion sont incompatibles et qu'il faudrait choisir entre le fait d'être croyant et le fait de vivre dans un pays laïque.

L'islam et les autres religions comprennent-ils bien ce présent inestimable que leur fait la laïcité ? L'apprécient-ils à sa juste valeur ? En nourrissent-ils la gratitude idoine ?

Réalisent-ils bien, en effet, qu'elle les libère de leur pire pulsion ? De plus en plus de catholiques, de juifs, de musulmans s'inquiètent du laïcisme liberticide qu'on a évoqué avec Philippe Portier, et je partage leur inquiétude. Ils auraient toutefois grand tort de jeter le bébé avec l'eau du bain, c'est-à-dire de prendre parti contre la laïcité elle-même au lieu de s'indigner plus précisément et justement de ses dérives. Or actuellement beaucoup franchissent ce pas d'une remise en cause de la laïcité en elle-même accusée d'être *par essence* ennemie de la religion. Nous sommes à cet égard en pleine régression. Car une partie de l'Église avait pourtant bien compris au XXe siècle que la laïcité rend un service immense à la religion en la privant de tout pouvoir, ce qui lui permet de se re-spiritualiser en se dépolitisant, de se concentrer sur ses affaires proprement spirituelles au lieu d'essayer de se conserver coûte que coûte comme pouvoir temporel. « Mon royaume n'est pas de ce monde », disait Jésus-Christ[1]. C'est donc comme si, bien avant notre laïcité moderne, il avait dit que la place de la croyance doit être laissée vide dans ce monde parce que nul ici-bas ne peut légitimement s'asseoir sur le trône de Dieu. De même, l'islam est une *religion qui abolit le pouvoir de la religion* : comme le lui rappelait Mohamed Iqbal, en effet, il repose sur l'« abolition de la prêtrise » et l'« abolition de la prophétie[2] », autrement dit il laisse chaque conscience

1. Jean 18, 36.

2. Mohamed Iqbal, *La Reconstruction de la pensée religieuse en Islam*, *op. cit.*, p. 246.

croyante libre de sa relation à Allâh : « En Islam la prophétie atteint sa perfection en découvrant la nécessité de sa propre abolition. Cela implique la perception fine que la vie ne peut pas toujours être maintenue entre des cordes directrices ; que, en vue de réaliser une pleine conscience de soi, l'homme doit finalement être livré à ses propres ressources. » L'islam est la religion qui appelle à l'excellence (*ihsân*) de l'autonomie spirituelle…

Une République qui politise l'islam !

Pour l'heure cependant, en France comme ailleurs, l'islam ne rêve au contraire que de pouvoir et se livre sans frein à sa volonté de puissance. Est-il devenu à ce point faible qu'il ait besoin ainsi d'exhiber autant de force ? Mais le pire est que l'État français laïque l'encourage dans cet égarement machiste. Que ce soit avec le Conseil français du culte musulman (CFCM) ou le futur Conseil national des imams (CNI), on assiste en effet à un *processus de politisation de cette religion par la constitution d'instances dotées d'un pouvoir officiel* – ce qui est une aberration pure et simple dans notre République laïque qui est censée, on l'a vu, « ne pas reconnaître les cultes ». C'est le comble d'une République laïque que de politiser l'islam !

Comment pouvons-nous nous placer dans une telle contradiction avec nos principes ? Comment pouvons-nous avoir l'inconscience de vouloir ainsi installer un tel islam concordataire dans lequel l'État confie officiellement la gestion du culte à des religieux ? On nous dit, dans les hautes sphères, que l'État n'a pas le choix : s'il veut contrôler l'islam pour éviter la propagation du salafisme, du frérisme, etc., il lui faut un interlocuteur reconnu du côté musulman. Ce motif est un non-sens. Les musulmanes et musulmans de France n'ont pas de chefs religieux et n'en auront jamais. Arrêtons de les infantiliser spirituellement et politiquement. Ce sont des consciences libres, pas un troupeau gardé par des bergers « maîtres de religion ».

Nulle légitimité, par conséquent, à donner du pouvoir à un CFCM qui prend ses ordres de l'étranger (Algérie, Maroc, Turquie essentiellement), livrant ainsi les musulmans français, nos concitoyens, à la tutelle de régimes qui pour certains, comme celui de Recep Tayyip Erdogan, font régner le pire de l'alliance entre le religieux et le politique : la réaction nationaliste et islamiste. Comment nous Français pouvons-nous tolérer cet inacceptable : voir nos propres concitoyens ainsi aliénés, comme s'ils continuaient d'être les sujets des pays desquels ils ont émigré, eux ou leurs ascendants ? C'est nier purement et simplement leur citoyenneté et leur nationalité françaises.

Nulle légitimité non plus à nommer un Conseil national des imams, c'est-à-dire à donner du pouvoir à des clercs, éclairés ou pas. Qui nous garantit que ce CNI aura et conservera une orientation libérale et non pas rétrograde ? Le simple fait que des imams prétendent former un Conseil national ici en France démontre leur refus de la laïcité française, c'est-à-dire de la liberté laissée à la croyance. Car l'existence même d'un tel Conseil ne peut avoir d'autre objet que de « dire l'islam », autrement dit de fixer pour les musulmans français ce qui est juste ou pas en matière de religion et d'accord entre cette religion et les valeurs comme les lois de la France. Mais précisément la liberté spirituelle offerte par la laïcité exige que personne ne décide à la place de personne en la matière, que personne en l'occurrence ne décide pour les musulmans, c'est-à-dire à leur place ou en leur nom, et donc en leur volant leur liberté et leur responsabilité spirituelles. Si par conséquent l'État français veut contrôler qu'il n'y a sur son territoire aucun prêcheur de haine, nul droit ni besoin d'instituer un tel Conseil. Il suffit d'installer un service idoine dans chaque préfecture pour obliger tous les imams officiant dans une mosquée française à signer la Charte des valeurs de la République. Il suffit aussi que les renseignements, la police, la justice fassent leur travail pour expulser les fauteurs de troubles et éliminer les menaces en puissance.

Une épreuve salutaire pour l'islam

J'ajoute simplement ceci sur ce sujet brûlant. Si, du côté de l'islam, certains nourrissent le fantasme qu'un jour cette religion s'installera en France sous sa forme traditionnelle ou ordinaire dans les pays musulmans, à savoir comme cette religion politique qu'elle est devenue là-bas, par trahison de son essence et de son esprit, ils se trompent lourdement. Le nombre de musulmans a beau être très important dans la population française et les mosquées être pleines le vendredi, ni la croissance démographique ni la vitalité de la pratique religieuse ne feront basculer ici l'islam dans l'égarement où il a sombré ailleurs – n'en déplaise aussi bien, d'ailleurs, aux stratèges d'une « conquête islamique de l'Europe » qu'aux partisans de la théorie du « grand remplacement ». Ce fantasme qui fait saliver les uns et s'épouvanter les autres n'aboutira nulle part. Aucun « islam politique » ne réussira à s'implanter en France. Le génie de la France y veillera efficacement, le génie du « vide laïque » y veillera pour finir toujours par faire triompher le principe de la liberté spirituelle personnelle – celle des citoyens musulmans ni plus ni moins que celle de tous les autres citoyens. Car il y a dans notre pays, et malgré les contradictions actuelles de la République laïque que je viens de signaler, une force de résistance à la domination du religieux, quel qu'il soit, qui se réveillera quand il le faudra.

Telle est la foi profonde que j'ai en mon pays, et *la vision que je me fais de notre terre comme cimetière de toute ambition de pouvoir du religieux*. Je m'en réjouis, autant d'ailleurs comme musulman que comme français. Je sais aussi que nombre de musulmanes et de musulmans s'en réjouissent autant, conscients de bénéficier en France de conditions d'émancipation de toute tutelle religieuse, propices à un réel épanouissement humain et spirituel. Disant cela, je pense en particulier aux femmes musulmanes et à leurs combats. Plus il y aura de musulmans conscients de cela, moins l'islam perdra du temps à vouloir reproduire ici un « modèle » d'islam politique ou de « religion de la loi » qui, dans le monde musulman, le gangrène depuis si longtemps et qui n'a, par surcroît, aucune chance de voir ici le jour… Certains se demandent si l'on va pouvoir compter, dans les années à venir, sur la loyauté des citoyens musulmans envers la France. D'autres se demandent quand on verra enfin émerger ici des Voltaire musulmans. À ceux-là, je réponds d'abord que leur doute qui croit porter sur l'islam porte en fait sur la France. S'ils avaient une conscience plus claire de son génie, ils auraient une confiance plus forte en sa capacité à enfanter demain un islam de France. Je leur réponds ensuite que si demain naît en France un Voltaire ou un Rousseau des temps nouveaux, il y a de fortes chances qu'il soit musulman. C'est de ce côté-là, en effet, qu'est de toute évidence aujourd'hui le chaos créateur propice aux grands engendrements !

Grâce à l'exigence de notre laïcité, si elle sait être juste, l'islam va passer ici par l'épreuve salutaire de sa *subtilisation* – de son passage à un état plus subtil hors de sa solidification en dogme et loi – et recevoir même la grâce de sa *métamorphose*, c'est-à-dire littéralement de sa migration hors de ses formes historiques vers le régime de la liberté spirituelle pour chaque musulmane et musulman de trouver son propre mode de foi et de pratique (le « self islam » que j'ai évoqué plus haut). Ainsi, et de même qu'il a été modifié jadis par le génie persan, le génie indien et bien d'autres esprits dans les différentes cultures où il s'est implanté, l'islam va trouver ici l'opportunité d'une revivification décisive, non seulement parce que la laïcité va le débarrasser de sa volonté de puissance mais aussi grâce à la fraternité qu'il peut trouver ici avec le christianisme et le judaïsme, qui sont pour lui, dans le même sens, des exemples d'humilité.

Ces deux monothéismes, de fait, ont médité depuis longtemps l'opportunité laïque, ce qui fait dire par exemple ceci à Daniel Lenoir, dans *Témoignage chrétien* : la laïcité est « exigeante » « pour les religions », pour lesquelles « elle constitue une chance, en les obligeant à se dépasser » ; en particulier, poursuit-il, « au-delà de la tolérance vis-à-vis des autres religions, la laïcité oblige en effet chacune d'entre elles à reconnaître la liberté religieuse, y compris pour ses membres, ce que, rappelons-le, l'Église catholique n'a fait qu'au moment de Vatican II – et encore, en partie seulement – et que ne reconnaît pas l'islam quand il interdit l'apostasie ou criminalise comme blasphème l'atteinte à la divinité, en laquelle on peut croire ou non » ; dès lors, conclut-il, « la laïcité est aussi pour les religions une forme d'hygiène spirituelle ; une sorte de corde de rappel pour leur éviter de retomber dans ce qui constitue leur péché mignon depuis qu'elles existent : l'obscurantisme [1] ».

De même, comment l'islam pourrait-il ne pas être inspiré par le judaïsme français, qui a su trouver l'harmonie entre loi séculière et prescriptions religieuses à partir de la fameuse formule *Dina dé-malkhuta dina*, « La loi du Royaume est la loi », au sujet de laquelle Sylvie-Anne Goldberg explique que « la vocation du système légal

---

1. Daniel Lenoir, « La laïcité, une chance pour les religions », *Témoignage chrétien*, 25 juillet 2019.

déduit de la maxime *Dina dé-malkhuta dina* est, justement, de séparer le domaine séculier du religieux, en permettant aux juifs de s'accommoder aux lois des pays dans lesquels ils résident, sans que celles-ci puissent empiéter sur les régulations d'ordre strictement religieux[1] ».

Récemment encore, la rabbine Delphine Horvilleur disait de même la chance que la laïcité constitue à ses yeux pour l'exercice de son ministère, expliquant qu'il lui tient à cœur de « montrer pourquoi la laïcité me permet d'être la rabbine que je veux être, pourquoi la laïcité est la bénédiction qui me permet d'exercer ma fonction d'accompagnante dans un langage très particulier qui est celui du judaïsme, mais qui est là pour raconter quelque chose d'universel. La laïcité est pour moi un cadre qui ne sature pas, qui promet que l'espace autour de nous restera non saturé des convictions ou des certitudes des uns et des autres. Parce que c'est un cadre plus grand que ce que je crois, la laïcité est une forme de transcendance, une promesse d'infini[2] ».

Pas plus l'islam demain que le catholicisme hier ne feront la loi en France. Ils n'y sont pas arrivés jusqu'ici, ils n'y parviendront jamais. Quelle que soit leur force,

---

1. Sylvie-Anne Goldberg, « *Dina dé-malkhuta dina* : la loi du Royaume est la loi », *in* Frank Alvarez-Pereyre, Lionel Panafit (dir.), *Le Droit interne hébraïque*, Presses universitaires de Strasbourg, 2004, p. 103-117.

2. Delphine Horvilleur, « Le propre de la mort est qu'elle ne se raconte pas, ce qu'on peut raconter, c'est la vie », entretien avec Virginie Larousse, *Le Monde des religions*, 14 mars 2021.

ailleurs ou ici même, ces religions trouveront toujours en France ce pays singulier où les dieux ne commandent pas, parce que là vivent des femmes et des hommes aspirant à une tout autre vie spirituelle que celle de la soumission : une vie spirituelle faite de cette liberté laïque, métaphysique et sociale que l'on vient d'évoquer, alors que loi et dogme veulent toujours donner des ordres. Jamais on ne donne d'ordre à un Français… Jamais tout au moins on ne devrait pouvoir le faire ! Jamais il ne devrait laisser quiconque le faire ! Jamais, s'il veut demeurer fidèle à l'esprit français qui est en lui, et digne de cet esprit, il ne devrait accepter d'obéir à un maître extérieur. En ce sens, « française » ou « français » n'est pas le nom désignant spécifiquement une femme ou un homme de nationalité française mais le nom générique de tout être humain sur terre qui n'obéit qu'à son propre cœur, qu'à sa propre conscience, qu'à sa propre raison ; qui n'admet la domination d'aucune loi ni d'aucun chef humain ou divin. Voilà ce que nous devons clamer et offrir à partir de la terre de France. Notre âme est anarchiste. Notre vocation est de vivre en consciences libres qui trouvent d'elles-mêmes la voie du Bien et du Juste lorsqu'elles ont fait l'effort immense de s'approfondir pour s'illuminer du dedans. Nous toutes et tous, Français d'ici et du monde, sommes l'espèce des *rebelles spirituels*, des insoumis métaphysiques autant que politiques, qui refuserons toujours de nous incliner devant une idole quelle qu'elle soit… Voilà la grandeur qui devrait être la nôtre.

2

La laïcité comme iconoclasme

Nous commençons à entrevoir la vertu insoupçonnée du « vide laïque ». Cependant, cela n'est sans doute pas facile à comprendre tant la notion de vide, spontanément, est négative dans notre culture moderne. On a peur du vide. Le vide de sens comme le vide d'un gouffre donnent le vertige et provoquent une réaction d'angoisse. Depuis Gilles Lipovetsky au moins, qui publia *L'Ère du vide* en 1989, jusqu'aux *Enfants du vide* de Raphaël Glucksmann en 2018, une nuée d'essayistes ont gémi sur le vide occidental. Comme l'a déploré déjà Olivier Mongin, l'ancien directeur de la revue *Esprit*, nous entendons ainsi depuis quelques décennies « toujours les mêmes rengaines, l'éternelle rhétorique du vide : nous vivons dans un désert physique et psychique, la liberté tourne en rond, à vide, et nous n'avons d'autre ligne d'horizon que celle de la fin de l'Histoire. L'imaginaire contemporain affectionne ces métaphores : le cercle, le vide, le désert[1] ». Désert notamment,

1. Olivier Mongin, *La Peur du vide. Essai sur les passions démocratiques*, Seuil, 1991, p. 16-17.

ou déficit, ou néant de sens, dans une civilisation matérialiste qui n'a plus aucune foi supérieure en elle-même ni en la vie. « Que faire du vide ? S'en lamenter, s'en débarrasser, ou bien s'en contenter cyniquement et pathétiquement, par défaut, par dépit, par peur ? » Dans un cas comme dans l'autre, poursuit Mongin, les complaintes se succèdent, de la part de penseurs aussi vides que le vide qu'ils décrivent impuissamment parce que, encore et toujours, « on prend le vide pour argent comptant, on s'obstine à ne rien voir dans le désert des passions, à ne pas saisir le vide comme une expérience, un mouvement, un soubresaut de l'Histoire. À trop vouloir passer le vide par-dessus bord, on ne prend guère le temps de l'éprouver[1] ».

C'est entièrement vrai. Nous avons perdu à peu près toute capacité à « saisir le vide comme une expérience », à « l'éprouver » effectivement comme un vécu positif, à *rester dans le vide* – que ce soit celui de l'incertitude, du silence ou de la solitude, autant d'expériences de confrontation à soi qui sont devenues psychologiquement insupportables à nombre de nos contemporains, qui ont un besoin pathologique de remplir leur vie au maximum – d'agitation, de bruit, de consommation, de flots ininterrompus d'images et de sons avalés sans interruption sur Internet ou au goulot des chaînes d'info continue. Or une telle incapacité, et à l'inverse la capacité à rester dans le vide, concerne directement ce que nous venons tout juste d'élucider au sujet de la laïcité. Quand nous laissons « vide la place de la croyance », avons-nous dit en effet, elle nous

1. *Ibid.*

offre une liberté de choix existentiel qui est une liberté inséparablement politique et spirituelle. Autrement dit, elle nous donne les moyens de vivre positivement dans le vide, de *nous éprouver* comme sujets autonomes sur un quadruple plan, social, politique, intellectuel et spirituel. La laïcité réalise ainsi ce qu'envisage Olivier Mongin, puisqu'elle fait de la vie dans l'État laïque une expérience qui est celle de l'accomplissement de soi comme subjectivité libre.

Peu de penseurs nous permettent, comme il le fait dans ce livre, d'entrevoir de la sorte la vertu du vide, et même la *nécessité du vide.* Combien nous faudra-t-il donc, à cet égard, d'œuvres comme celle de François Cheng, qui a su si bien exprimer dans la poésie de notre langue la sagesse taoïste du vide ? Cette sagesse qui perçoit plus de réalité et de force « à tout ce qui passe *entre* » les choses que dans les choses mêmes, parce qu'elle sait se rendre attentive « au rôle constant joué par le Souffle du Vide[1] », souffle de l'ouvert, souffle de ce qui transcende les formes… « Laisse-toi traverser par le souffle inouï/par le pur souffle du oui[2] ! »

Comme Cheng mais dans le registre politique, le jésuite Paul Valadier nous proposait en 2013 un éloge du vide en attirant notre attention sur le thème d'un vide synonyme d'ouverture, de transcendance. Le fait « qu'une société démocratique ne se donne pas de fondement

1. François Cheng, *Le Livre du vide médian*, Albin Michel, 2004, p. 10.

2. *Ibid.*, p. 223.

religieux explicite, écrivait-il, ne signifie nullement qu'elle puisse se passer de référence transcendante[1] ». « Par transcendance », en effet, « on entend un principe dynamique, une ouverture sur plus grand que soi, une *place vide*[2] qui constitue une faille dans le corps social, l'empêchant ainsi de clore ou de boucler sur soi ». Qu'est-ce donc que cette « place vide » qui est la transcendance propre de la démocratie ? Claude Lefort explique qu'il s'agit là ni plus ni moins que du « trait révolutionnaire et sans précédent de la démocratie », qui est que « le lieu du pouvoir devient un lieu vide », « inoccupable », « infigurable », en un sens bien simple : le pouvoir étant perpétuellement remis en jeu par de nouvelles élections, « son exercice s'avère pris dans la temporalité de sa reproduction et subordonné au conflit des volontés collectives », de telle sorte que nul ne le détient durablement, nul ne l'incarne définitivement et c'est ainsi que « sa matérialité, sa substantialité s'efface[3] » – ce qu'à son tour Monique Castillo explicite, écrivant que « la démocratie [...] suppose que le pouvoir n'a pas de propriétaire attitré, que le pouvoir est "*un lieu vide*", c'est-à-dire un lieu qui protège la division, le débat, la confrontation des idées[4] ».

1. Paul Valadier, *Détresse du politique, force du religieux*, Seuil, 2007, p. 281.

2. Souligné par nous.

3. Claude Lefort, « La question de la démocratie », in *Essais sur le politique*, Seuil, 1986, p. 28-29.

4. Monique Castillo, « La laïcité comme spiritualité », *Études*, janvier 2016, vol. 1, p. 95-108.

La transcendance de la démocratie – le terme de « transcendance » référant à « ce qui dépasse, ce qui excède » – est ainsi relative au fait que le pouvoir des chefs, les élus, les dépasse et les excède parce qu'il ne leur appartient pas mais qu'il est sans arrêt rediscuté par le débat sans fin entre les idées politiques, sans arrêt recréé par la liberté de choix du vote des citoyens. La transcendance de la démocratie n'est donc finalement rien d'autre que l'espace infini de la discussion publique et de la liberté créatrice des citoyens. « C'est pourquoi, dit aussi Valadier, certains philosophes de la démocratie, très attentifs à la barbarie des systèmes totalitaires ou aux dangers d'un culte républicain, ont avancé l'idée qu'une société démocratique ne peut être vivante que si elle accepte une ouverture constituée par ce qu'ils appellent un "lieu vide" non représentable, non appropriable, non manipulable, non identifiable (autant de qualificatifs qui conviennent parfaitement à ce qu'on dénomme "transcendance")[1]. » Selon la même logique, poursuit-il, « le phénomène de la sécularisation [...] déplace le rôle de la transcendance qui doit moins être comprise comme une base ferme de la société ou comme appropriée par une institution religieuse que comme ce lieu vide qui appelle l'engagement de libertés responsables animées par un Esprit vivant[2] ».

1. Paul Valadier, *Détresse du politique, force du religieux*, *op. cit.*, p. 282.

2. *Ibid.*

Le pur vide apophatique

Si la démocratie fait du pouvoir une « place vide », c'est-à-dire le lieu de l'infiniment ouvert, comment ne pas se souvenir ici de Jaurès disant que « laïcité et démocratie sont deux termes identiques[1] » ? En effet, comme le souligne Monique Castillo au sujet du vide démocratique, « on pourrait dire qu'*il en va de même de la laïcité, qui fait de l'espace public un lieu vide de toute domination d'un quelconque pouvoir religieux*[2] ». Mais cela signifie-t-il seulement l'identité entre démocratie et laïcité ? Ou bien le parachèvement de la démocratie par la laïcité ? Car ce n'est pas de n'importe quel pouvoir que cette laïcité vide le centre de la Cité humaine, mais du pouvoir revendiqué par la religion et ses prêtres *sur le sacré*. Le génie de la laïcité française serait ainsi non pas de nier le sacré mais de *délivrer le sacré du pouvoir religieux*. C'est-à-dire ? Qu'est-ce que le pouvoir du religieux sur le sacré ? Toute religion revendique ce pouvoir unique d'être une voie vers le sacré, de donner accès à celui-ci à travers ses formes – textes sacrés, rites sacrés, lieux sacrés, etc. Mircea Eliade nommait « hiérophanies » l'ensemble de ces formes religieuses[3] qui prétendent assurer aux hommes la présence

1. Jean Jaurès, « République, démocratie et laïcité », discours cit.

2. Monique Castillo, « La laïcité comme spiritualité », art. cit. ; souligné par nous.

3. Voir Mircea Eliade, *Traité d'histoire des religions*, Bibliothèque historique Payot, 1949 ; sur la « hiérophanie » comme « expérience du

du sacré et le commerce avec lui. « Cependant, dit Eliade, le sacré ne se manifeste jamais à l'état pur, mais à travers une réalité autre que lui-même[1]. » En quel sens ? Le sacré est, en soi, pur mystère, réalité tellement transcendante qu'elle est infigurable, irreprésentable, et donc impossible à enfermer dans des formes, si « saintes » soient-elles. À cet égard, *le sacré est le pur vide, le vide par excellence*, le vide même, le vide absolu et comme tel seul vide authentique, libre de toute forme sensible ou intelligible, parce que tout échoue à le remplir en raison de sa transcendance. Les traditions religieuses de l'humanité le savent d'ailleurs très bien, reconnaissant de manière unanime que le sacré en soi échappe à toute prise. Elles ont exprimé cela de deux manières, sur le plan métaphysique et sur le plan mystique.

Sur le plan métaphysique et théologique, c'est ce qu'on appelle la « tradition apophatique » – le terme « apophatique », qui vient du grec signifie « venant après ou se situant au-delà de ce qui est affirmé » – selon laquelle du sacré on ne peut rigoureusement rien dire, rien affirmer, même pas en réalité qu'il est divin, parce qu'il transcende tout nom et toute détermination. Du côté des

---

sacré » au moyen « de rites, de mythes, de formes divines, d'objets sacrés et vénérés, de symboles, de cosmologies, de théologoumènes, d'hommes consacrés, d'animaux, de plantes, de lieux sacrés, etc. », p. 24 et suiv.

1. Mircea Eliade, article « Sacré », IV, « *Homo religiosus* et le sacré », *in* Paul Poupard (dir.), *Dictionnaire des religions*, PUF, « Quadrige », 2007, t. II, p. 1769.

monothéismes, l'apophatisme commence ainsi avec l'interdiction de la prononciation du nom de Dieu dans le judaïsme, telle que la justifie par exemple la Kabbale selon Gershom Scholem : « En théorie, il est possible de penser à Dieu, soit en tant que Dieu Lui-même en se référant à Sa seule nature propre, soit en tant que Dieu dans Sa relation à Sa création. Cependant, tous les kabbalistes s'accordent sur le fait qu'aucune connaissance de Dieu, si élevée soit-elle, ne peut être atteinte si ce n'est par la contemplation de la relation de Dieu à Sa création [c'est-à-dire indirectement, dans le miroir des créatures]. Dieu en Lui-même, l'Essence absolue, se tient au-delà de toute compréhension intellectuelle ou même extatique[1]. » Scholem précise encore qu'il s'agit là d'une sorte d'« agnosticisme mystique » et que, « pour exprimer cet aspect inconnaissable du divin, les anciens kabbalistes de Provence et d'Espagne forgèrent le terme *Ein-Sof*[2] ». Face à cet « aspect inconnaissable du divin », les représentations de l'Absolu comme Dieu créateur, éternel, omniscient, omnipotent, amour, miséricorde, justice, etc., sont, dira Martin Buber, autant de « métaphores de son indicibilité[3] », et, de ce fait, l'interdiction de prononcer le nom n'est pas arbitraire mais exprime comme un commandement une impossibilité métaphysique : s'il est interdit de prononcer le nom de Dieu, c'est qu'il est absolument

---

1. Gershom Scholem, *La Kabbale* (1974), Gallimard, « Folio Essais », 2005, p. 164-165.

2. *Ibid.*

3. Martin Buber, *Judaïsme*, Gallimard, « Tel », 1986, p. 85.

impossible de le faire, puisqu'il s'agit là du sacré lui-même qui est indicible ou innommable.

Cette leçon de l'Ancien Testament a été reprise par la théologie chrétienne apophatique, lorsqu'elle soutiendra à son tour que la réalité suprême, dont l'Un, Dieu ou l'Être sont dans ce monde l'expression la plus élevée, « n'est rien de ce qui est et rien de ce qui n'est pas », « puisque la Cause parfaite et unitaire de tout est au-delà de toute affirmation et qu'est au-delà de toute négation la transcendance de celui qui est absolument détaché de tout et qui est au-delà de tout », comme l'enseignait le Pseudo-Denys l'Aréopagite, moine syrien du VIe siècle et maître de cette école apophatique ; évoquant encore, à propos de cette réalité suprême au-delà de toute forme sensible ou intelligible, le fait que nous trouverons là « non pas la concision des paroles, mais l'absence complète de parole et de pensée » parce que le discours alors « perdra tout à fait la voix et s'unira complètement à l'Ineffable[1] ». Le Pseudo-Denys parlait à ce sujet de « Secret suressentiel » et même étonnamment de « Ténèbre divine[2] », pour mieux suggérer l'impénétrable pur d'une « Ténèbre plus que lumineuse du silence initiateur du Secret, faisant surétinceler dans l'obscurité la plus profonde la lumière la plus éclatante et, dans ce qui est complètement impalpable et invisible, emplissant outre

1. Pseudo-Denys l'Aréopagite, *Les Noms divins V-XIII. La Théologie mystique*, Cerf, 2016, p. 307-315.

2. *Ibid.*, p. 295.

mesure de splendeurs de toute beauté les intellects aux yeux clos[1] ».

On retrouve ce sens supérieur du sacré infigurable, indicible, inconnaissable dans le Coran, qui à maintes reprises le présente comme réalité « absolument impénétrable » (*As-Samâd*)[2], « infiniment subtile » (*Al-Latîf*)[3], le désignant comme « Lui le Très Haut, l'Inaccessible » (*Huwa l'Aliyyu l'Adhîm*)[4] que l'on peut seulement évoquer en s'exclamant que « rien n'est semblable à Lui » (*Laïssa kamithlihi shay'un*)[5], car, « gloire à Lui ! Il est élevé à une grande hauteur, au-dessus de ce qu'ils disent[6] », « très élevé au-dessus de ce qu'ils inventent[7] », de sorte que « leur science ne peut l'atteindre[8] » et « les regards des hommes ne l'atteignent pas[9] ». Et au-delà de l'islam, les différentes expressions de la métaphysique traditionnelle ont présenté de façon analogue la fonction/limite des images du mystère sacré. Comme l'a souligné Reza Shah-Kazemi, on relève sur ce point une correspondance remarquable entre des sages qui vivent et écrivent dans des cultures spirituelles aussi différentes que Ibn 'Arabî le musulman, Adi Shankara l'hindou et Maître Eckhart le

1. *Ibid.*, p. 293.
2. Sourate CXII, 2.
3. Sourate LXVII, 11.
4. Sourate II, 255.
5. Sourate XLII, 11.
6. Sourate XVII, 43.
7. Sourate XXI, 22.
8. Sourate XX, 110.
9. Sourate VI, 103.

chrétien : « Tous trois recourent à une dialectique apophatique à l'égard de l'Absolu transcendant : Shankara soumet toutes les désignations nominales, formelles et conceptuelles de l'Absolu à la double négation du *neti*, *neti*, l'Absolu en soi étant “sans nom ni forme[1]”. » Shankara expliquait ainsi au VIIIe siècle que le *brahman*, la réalité suprême, est pur inconnaissable et ineffable, « suprêmement subtil[2] », de telle sorte qu'il n'est pas, à proprement parler, « *défini* mais seulement désigné indirectement[3] » par toutes les « catégories » de l'esprit humain : les notions mêmes qui sont chargées dans le langage humain d'exprimer les choses les plus élevées, les plus subtiles, ces notions mêmes de « sacré » et de « mystère » que j'emploie ici mais aussi celles de « divin » ou d'« absolu », restent impuissantes car, « en lui-même, le *brahman* est étranger à toutes ces catégories[4] ». « Quant à Ibn ʻArabî, poursuit Shah-Kazemi, [il] écrit de même que l'Essence est exempte de définition “dès lors qu'elle n'a pas d'attribut” [...] et Eckhart déclare que Dieu est bien plus proche de ce qui n'est pas dit que de ce qui est dit[5]. » Ainsi, « ce grand abîme qui sépare l'Absolu de toutes ses conceptions rela-

---

1. Reza Shah-Kazemi, *Shankara, Ibn ʻArabî et Maître Eckhart*, L'Harmattan, « Théôria », 2010, p. 232.

2. *Ibid.*

3. *Ibid.*

4. Cité par Michel Hulin, *Shankara et la non-dualité*, Almora, 2017, p. 129.

5. Reza Shah-Kazemi, *Shankara, Ibn ʻArabî et Maître Eckhart*, *op. cit.*, p. 232.

tives implique que les trois mystiques sont contraints de faire état de l'inadéquation finale, en même temps que de la nécessité initiale, des désignations de l'Absolu que l'on trouve dans leur tradition respective[1] ».

La mystique du vide

Cette doctrine apophatique donne lieu, sur le plan de la vie spirituelle, à une sagesse mystique du vide aussi paradoxale que son objet qui n'est plus un objet. Car cette sagesse passe par le délaissement de toute sagesse théorique, de toute activité intellective et représentative, l'« abandon des livres et des idées » et l'accès à une curieuse ignorance, une ignorance transcendante. Le Pseudo-Denys, encore lui, écrit en ce sens : « Si nous nommons le *Secret suressentiel* : Dieu ou Vie, ou Essence, ou Lumière ou Parole, nous ne pensons rien d'autre que ces puissances qui procèdent de lui vers nous pour nous déifier, nous donner l'être, la vie ou la sagesse. Mais si nous nous élançons vers ce Secret, c'est par la cessation de toute activité intellectuelle, ne voyant aucune divinisation, vie ou être qui ressemble d'une manière exacte à la Cause séparée de tout en toute espèce d'excellence[2]. »

Dès lors, et cela aussi tous les mystiques en témoignent, l'expérience spirituelle la plus profonde, radicale, est celle

---

1. *Ibid.*
2. Pseudo-Denys l'Aréopagite, *Les Noms divins I-IV*, *op. cit.*, p. 391.

de ce « Secret suressentiel ». Mais comme tel, c'est-à-dire comme « secret au-delà de tout ce qui est », on ne peut pas le qualifier en toute rigueur d'« expérience », ni de « conscience » ou de « vision » de quoi que ce soit. Voilà pourquoi ces mystiques enseignent toutes, d'une manière ou d'une autre, la même *voie du vide*. De Lie-Tseu à Maître Eckhart, ils enjoignent d'aller vers tout ce qui nous vide, tout ce qui nous désencombre et nous retire progressivement du commerce avec l'ensemble des formes qui dans ce monde nous séduisent et nous accaparent. Ils nous appellent loin de la gloire, de l'ego, des plaisirs, de la foule, vers une vie retirée ou secrète dans la foule, la plus simple possible, une vie de renoncement vouée à l'humilité, à la solitude, au silence, consacrée à *creuser en soi le plus grand vide possible* par la méditation perpétuelle, la prière sans relâche, le recueillement continuel, la consécration exclusive du cœur jusqu'à ce que celui-ci soit entièrement *vidé*, débarrassé des images, nettoyé, curé et récuré comme les écuries d'Augias par Hercule, pour se rendre ainsi disponible à la présence du Secret suressentiel, « source de vie qui jaillit dans le cœur et opère à l'égal du ciel[1] », dit Maître Eckhart – qui cite alors saint Paul : « C'est le bien le plus élevé que l'homme affermisse son cœur par la grâce. »

Maître Eckhart poursuit : « Étant donné que c'est la nature de Dieu qu'il n'est égal à personne [sans pareil, sans semblable, donc sans image], il est de nécessité que nous en venions au fait que c'est parce que nous ne

---

1. Maître Eckhart, *Les Sermons*, Albin Michel, « Spiritualités vivantes », 2009, sermon 81, p. 621.

sommes rien que nous pouvons être établis dans le même être qu'il est lui-même[1] » – leçon identique à celle des maîtres soufis qui font de l'« anéantissement ou extinction de l'ego (*fana*) » la porte vers le « Secret suressentiel » – et « c'est pourquoi, lorsque j'en viens à ne me configurer à rien et que je ne me configure pas à moi et que je rejette et répudie ce qui est en moi, alors je puis me trouver établi dans l'être nu de Dieu, et c'est là l'être nu de l'esprit[2] ». Et à l'autre bout de la planète, bien avant lui, Lie-Tseu proposait le même chemin vers la même nudité, le même dépouillement radical. Il disait : « Si l'on veut être sans nom, rien ne vaut le silence, rien ne vaut le vide. »

Pourquoi aller vers ce « Tout Autre » qu'on ne peut pas nommer ? Pourquoi cheminer vers son mystère ? Parce que nous-mêmes humains, et chaque atome de l'univers, sommes pétris de ce mystère. Parce que, comme l'enseigne encore le sage taoïste, « les choses naissent du sans forme et s'achèvent là où il n'y a plus pour elles de transformations[3] ». Le mystère, dans les différentes religions, est ainsi celui de l'origine de toutes choses, de la création des Cieux et de la Terre. C'est le fond secret hors de quoi naît tout ce qui est, dit encore Lie-Tseu, le fond secret « qui engendre et qui n'est pas engendré[4] ». Dès lors, celle ou celui qui,

1. *Ibid.*

2. *Ibid.*, sermon 76, p. 593.

3. Lie-Tseu, *Le Vrai Classique du vide parfait*, traduit du chinois, présenté et annoté par Benedykt Grynpas, Gallimard/Unesco, 1961, p. 46.

4. *Ibid.*, p. 25.

« unifiant ses principes vitaux, nourrissant son souffle, gardant intacte sa puissance », se concentre sur le mystère et y consacre sa vie, *in fine* « pénètre jusqu'à la racine de toutes choses » et « s'ébat là où les choses commencent et finissent[1] ».

La France, Temple vide

Je m'arrête là dans la présentation de ces grandes sagesses métaphysiques et mystiques du monde. Il était absolument nécessaire que nous les mobilisions ici, parce qu'*elles seules nous donnent l'intelligence suffisante du vide dont nous avions besoin*, en nous permettant de prendre la mesure transcendante de ce que doit réaliser la Cité démocratique et laïque si elle veut réellement « laisser vide la place de la croyance ». Ce sont elles qui, par leur conception du vide pur, peuvent communiquer le maximum de profondeur possible à ce thème. Ce sont elles – ces sagesses et expériences du vide spirituel le plus profond – qui donc en réalité sont les plus laïques ; de ce fait même, nous pouvons dire que nos métaphysiciens et nos mystiques du vide suressentiel ont été les femmes et les hommes les plus laïques qui soient.

Grâce à eux, par surcroît, nous-mêmes sommes rendus conscients que si aucun pouvoir ne peut être pris sur le sacré, *si donc la démocratie et la laïcité ont raison de « laisser vide la place de la croyance »*, c'est essentiellement,

1. *Ibid.*, p. 46.

fondamentalement pour cette raison métaphysique et mystique que rien n'est capable de contenir le sacré. Ces sagesses nous dévoilent ainsi la *condition suprême* pour que le centre de la Cité humaine soit réellement vide, autrement dit la condition suprême de la démocratie laïque, à savoir qu'en son centre ne soit présent que le vide pur, le vide absolu du sacré en soi. Lui seul, en effet, est réellement absolument vide parce que, nous l'avons vu, il transcende ou excède toute forme. Ce que vise à libérer la laïcité, par conséquent, ce n'est pas uniquement la liberté des hommes, c'est le sacré lui-même : c'est pour lui aussi qu'elle « laisse vide la place de la croyance », pour lui qui est le vide par excellence. Ainsi la laïcité libère-t-elle simultanément la liberté des hommes et la transcendance du sacré – et peut-être d'ailleurs, au fond, les deux, transcendance et liberté, sont-ils synonymes.

Voilà pourquoi le centre de la Cité démocratique laïque ne peut être occupé que par… un Temple ! Contradiction ? Non, paradoxe. Qu'est-ce qu'un Temple laïque, en effet ? C'est l'expression politique même du lieu spirituellement vide, *suprêmement* vide parce qu'il n'abrite que ce vide par excellence qui n'est pas le « rien » – Debray a tort – mais le « Secret » ou « Mystère suressentiel » du sacré infigurable, irreprésentable, inconnaissable. Et du côté même du religieux, avec son « trop-plein » de sacré, que l'être humain qui pénètre dans l'un de ces Temples ne s'arrête donc pas aux images dont cette religion l'a peuplé ! En réalité, lui aussi, *comme le citoyen dans le Temple laïque*, a rendez-vous ici à chaque fois avec le vide. *Tout Temple religieux est ainsi, sans le savoir, en même temps Temple laïque*, et il n'est d'ailleurs sacré que pour cela, c'est-à-dire fait pour permettre, par l'intermédiaire du Dieu qui y est honoré, la rencontre avec le vide du Mystère dont la forme du Dieu exprime paradoxalement l'au-delà de toute forme. C'est cela dont parle le silence, le recueillement, la coupure entre le dehors du monde et son dedans – dans quelque Temple que ce soit sur la planète. C'est cela aussi son scandale : il ne renferme rien… qui soit sensible ou intelligible. Il ne dresse ses hauts murs, ou sa sombre voûte, qu'autour de rien… qui soit perceptible ou représentable. Son « rien » ainsi n'est pas rien mais transcendance absolue. Voilà pourquoi il est « abri », « foyer », « cœur » et caverne, cavité, cave, autant de termes qui viennent du latin *cavus*, désignant ce qui est creux, le trou, le fossé – bref, encore le vide, toujours le vide. Ainsi le Temple ne défend-il pas le sacré des regards : il offre son invisible au regard.

Dès lors, et *logiquement*, seul ce Temple spirituel authentique qui abrite le véritable vide, le vide absolu, peut occuper le centre de la Cité des hommes si celle-ci veut être pleinement laïque et démocratique. Lui seul, en effet, abrite ce vide absolu qui est celui de la Présence complètement invisible et transcendante du sacré ; et par conséquent ce Temple, physique ou symbolique, requiert d'être érigé, physiquement ou symboliquement, à la « place laissée vide de la croyance » – qui n'est réellement laissée vacante que si elle est libérée pour le vide suprême, et lui est offerte. Cette remarquable identité de centre entre la Cité des hommes et le Temple de la vie spirituelle a été explicitée ainsi par Shmuel Trigano pour la « cité judaïque » : « Ce Dieu qui donne la Loi est [...] physiquement et concrètement absent, non représentable par une image ni par une caste ou un pouvoir quelconque puisque tout un chacun a bénéficié de sa révélation [...] Ainsi, l'une des tâches de la cité judaïque sera de maintenir en son sein la mémoire de son absence dans la réalité physique, support évoquant sa présence cachée. Le centre politique de la cité sera ainsi l'arche d'alliance sur laquelle est censée reposer la Présence divine [...] Mais ce centre est physiquement vide. Le Temple ou la Tora sont les témoins de l'irreprésentabilité de Dieu, de son absence donc, ou plutôt de sa présence paradoxale[1]. »

Ce Temple qui abrite le vide de la présence/absence, soustraction/donation, de la réalité suprême est ontologiquement *séparé* du reste de la Cité humaine. Partout ailleurs dans celle-ci, en effet, règne le plein : le plein de toutes les formes de chaque culture et société – le plein des institutions, des structures sociales, des mœurs, des savoirs et des croyances, des idéologies, etc. Cette séparation entre le plein et le vide, le plein des choses humaines, y compris la religion, et le vide du sacré pur, est ce que l'on peut concevoir de plus profond – là encore – lorsqu'on s'interroge sur la laïcité. Précisément définie en France comme « séparation des Églises et de l'État », elle ne se réalisera pleinement qu'au moment où nous saurons accomplir cette séparation laïque au niveau métaphysique et mystique que nous indiquons, c'est-à-dire ce temps où

1. Shmuel Trigano, « La politique du vide », *Pardès*, vol. 40-41, n° 1-2, 2006, p. 70-71.

nous édifierons au centre de notre Cité française le lieu saint du Temple suprêmement vide, séparé de toute forme du sacré.

La France, ou le Temple vide. Tel est l'avenir auquel la France est conduite par son génie laïque : il la sollicite à accueillir un jour en son sein ce Temple vide où plus rien n'est adoré, plus aucune icône ni idole du sacré ; il la sollicite à devenir ce Sacré Cœur, non plus au sens catholique mais universel, dans lequel n'est plus adoré que le Secret, le Mystère sacré – exactement comme ce cœur du mystique que nous avons décrit plus haut comme entièrement vidé, débarrassé de toute image, de toute forme, pour se rendre entièrement vacant et disponible à la présence du Secret suressentiel, « source de vie qui jaillit dans le cœur et opère à l'égal du ciel » (Maître Eckhart).

La France accomplira-t-elle donc politiquement ce que les religions promettaient mystiquement, en réalisant sur la terre, dans le champ de l'Histoire, ce que les religions considéraient comme le ciel du plus haut accomplissement métaphysique de l'être humain ? Telle serait bien, finalement, l'eschatologie que nous pouvons formuler au sujet du génie français et de sa laïcité – une eschatologie au sens de « discours sur les fins dernières, les événements ultimes de l'histoire d'une société, d'un monde ou d'une société ».

Vers une nouvelle alliance du spirituel et du politique

Notre génie laïque nous appelle à devenir ultimement ce lieu saint du monde humain où le Secret métaphysique de la réalité est l'inspiration profonde, le moteur invisible de la vie sociale et politique. Ce lieu, donc, où doit surgir une *nouvelle alliance entre le spirituel et le politique* – en un sens différent de l'ancienne liaison du théologique et du politique, c'est-à-dire entre l'autorité d'une religion et le pouvoir temporel. Cette ancienne liaison n'instaurait en effet que l'autorité d'une forme du sacré – celle de telle religion déterminée, le catholicisme chez nous, l'islam ailleurs, etc. – tandis que cette nouvelle alliance instaure une liaison entre le pouvoir temporel de la démocratie et le sacré essentiel, le sacré primordial du pur Secret ou Mystère.

Nous avons parlé plus haut d'une première dimension de cette nouvelle alliance du spirituel et du politique, en montrant que la liberté de conscience et d'expression offerte par la laïcité est inséparablement spirituelle et politique. Cependant cette alliance du spirituel et du politique dans la liberté de conscience et d'expression de leurs convictions existentielles par tous (athées, agnostiques, croyants) n'est pas le tout de la nouvelle alliance. Celle-ci se noue au plus profond, comme on vient de le voir, *entre le cœur de la vie démocratique et laïque et le centre métaphysique de la réalité*. Dès lors en effet que la vie démocratique et laïque se tient dans la « place laissée vide de la croyance », elle s'installe au cœur de la réalité métaphysique elle-même, dans ce vide qui n'a pas d'autre fond que le vide pur du sacré. Voilà comment l'exercice de la liberté démocratique, le débat démocratique, la délibération toujours reprise entre citoyens qui vide régulièrement le lieu du pouvoir sont potentiellement en même temps des activités éminemment spirituelles, la voie d'une authentique *spiritualité laïque* parce qu'ils sont autant d'opportunités d'aller à la rencontre du vide, et par là même de se mettre en lien, ultimement, avec le pur vide du sacré en soi.

Précisons encore quelque chose, à cet égard, au sujet du lieu du Temple vide laïque. Où est-il vraiment ? Il est d'abord l'espace intime que chaque conscience a su ouvrir en elle pour y accueillir le Mystère ou le Secret de la réalité. Il est ensuite l'espace politique que chaque assemblée démocratique a su ouvrir entre les consciences pour qu'elles y communient et communiquent entre elles, à partir de l'inspiration de paix et de justice surgie du Mystère qu'elles abritent, en vue de leur action dans le monde.

Mais qui perçoit la citoyenneté démocratique comme lieu d'expression et d'exercice d'une telle spiritualité laïque ? Les philosophes de la discussion démocratique, Jürgen Habermas en tête, ne songent habituellement qu'à parler de la vertu éthique et politique du débat démocratique, qui est d'instituer le droit d'expression à la pluralité des convictions, d'apprendre aux hommes à construire leurs désaccords et à trouver des compromis ou des consensus, d'enseigner aux uns et aux autres la relativisation de leurs points de vue et le respect comme la prise en considération des opinions adverses, etc. Aucun, cependant, ne semble songer à la dimension spirituelle de tout cela. Aucun ne semble se douter que, faute d'une transcendance qui soulève cette immanence au-dessus d'elle-même, la discussion démocratique restera le marécage du relativisme et de la démagogie… produisant l'inverse de l'égalité et de l'intérêt général, que cette démocratie veut promouvoir, parce que l'arène ouverte aux ego ne fait que produire des sociétés de dominants et dominés !

Or la transcendance du théologico-politique est incompatible avec cette démocratie : si les dieux décident, l'assemblée des hommes n'est qu'une caisse de résonance de leur volonté surplombante. Quelle transcendance convient donc à la démocratie, si ce n'est cette transcendance du vide laïque que nous thématisons ici ? Elle seule, en effet, réalise ce paradoxe de laisser les hommes libres de leur destin, libres et responsables de déterminer l'ordre juste de leur Cité, tout en faisant que leurs ego ne soient pas livrés au simple commerce de leur médiocrité – leurs appétits de pouvoir, leurs rivalités narcissiques, leur pente naturelle à se constituer en dominants et dominés, leurs conceptions toujours trop étroites du juste et de l'injuste, l'écart entre leurs idéaux et leurs capacités à les mettre en œuvre –, mais que ces ego supérieurement animés, dignifiés et peut-être même transfigurés du dedans par leur orientation vers le Temple vide, qui abrite le Secret du réel, au fond de leur cœur et au milieu de la Cité. Ce Secret est, on l'a vu, source transcendante de tout Bien, de toute Vérité, Justice, Beauté. C'est pourquoi il dépasse les représentations que nous pouvons former dans notre mental au sujet de ces idéaux. Par lui, ces idéaux nous arrivent autrement que nous ne pouvons les imaginer sans lui. Par lui, ils nous arrivent sans que leur forme, la façon dont il nous donne à concevoir, soit limitée comme le sont nos idéologies issues de ces mêmes idéaux. Inversement, sans la présence en eux du Secret suressentiel, les idéaux qui servent de fondement à nos Cités les tuent parce qu'ils les étouffent à petit feu, lentement mais sûrement, dans le système clos de leur propre forme fermée.

Comment, cependant, ce lien se fera-t-il dans nos vies avec le Secret de la réalité, source de tout Bien authentique ? Cela impliquera que demain tous, citoyens de la démocratie, nous nous engagions dans la Cité *à partir d'un exercice spirituel quotidien* – méditation, recueillement, prière, à chacune et chacun d'en choisir librement la forme – qui relie notre conscience, notre raison, notre imagination, nos sentiments et émotions, bref notre intériorité à ce Secret suressentiel. À cette condition, nous pourrons apprendre à libérer en nous son inspiration, et, au fur et à mesure que nous y parviendrons, à donner à tous nos actes et engagements le surcroît de discernement et d'énergie spirituels qui les rendra puissants et justes. À cette condition, la discussion démocratique donnera lieu à autre chose qu'à la controverse des ego – dont on vient de pointer les limites. Car elle sera conduite par des citoyens spirituellement en chemin, spirituellement orientés vers et par la source ultime du Bien. Le Temple vide se retrouvera dès lors constitué et vivant : sa *pierre de construction* sera chacune des individualités spirituelles citoyennes qui œuvre à libérer l'espace vide du cœur afin de laisser parler en elle autre chose que ses passions ou telle idéologie ; son *enceinte* sera chaque assemblée démocratique formée par ces individualités spirituelles à partir de l'échelle locale jusqu'à l'échelle de l'Assemblée nationale ; sa *parole* juste et sage sera l'expression paradoxale du silence primordial recueilli au fond du Temple, là où gît le Mystère. Si nous savons demain vivre socialement selon cette inspiration spirituelle, nous formerons alors bientôt une société démocratique de haut rang, dans laquelle le Secret du réel irriguera nos institutions, nos collectifs, nos métiers, nos engagements, nos conduites interpersonnelles. Les passions humaines – égoïsme, cupidité, volonté de puissance, angoisse – ne disparaîtront certes pas. Grâce cependant à l'inspiration reçue du Bien, elles ne domineront plus mais leur énergie trouvera sa place parce que cette inspiration nous permettra de les maîtriser et de les sublimer – ce que nous sommes à peu près incapables de faire lorsque c'est seulement notre petit ego qui lutte contre lui-même.

Hélas, pour l'heure, nous démocrates n'avons pas encore conscientisé l'importance extrême de ce travail spirituel ni du progrès immense qu'il peut faire faire à nos démocraties. Nous Français ne l'avons pas davantage conscientisé que les autres, alors même que notre propre génie laïque aurait dû nous mettre sur cette voie. Car la « place laissée vide de la croyance » par la laïcité relie chacune de nos vies spirituelles citoyennes au Secret sacré ! La laïcité est, en ce sens, la condition politique de la vie spirituelle la plus haute, la plus exigeante, celle qui ne veut pas se contenter d'un commerce ordinaire avec les formes religieuses du sacré mais qui les conduit à leur limite extrême ou les laisse de côté pour s'acheminer vers son « Secret » ou « Mystère suressentiel », comme disait le Pseudo-Denys. Comment expliquer alors que, face à cette profondeur métaphysique et mystique de la laïcité, nous soyons restés aussi aveugles ? Aussi ignorants de cette dimension spirituelle ? Nous Français n'avons en réalité même pas commencé de sonder l'abîme de notre vide laïque. Et, au-delà de nous-mêmes, si la modernité politique en général a aussi complètement évacué la question du spirituel, une cause majeure se trouve là, dans cette cécité spectaculaire vis-à-vis du potentiel spirituel de la laïcité.

Iconoclasmes laïque, biblique… et coranique

Le Temple est-il toujours vide ? En réalité, non. La plupart du temps, il est saturé d'idoles. Qu'est-ce qu'une idole ? L'ensemble des formes que les hommes sacralisent, et qui « remplissent » le sacré, substituant à son vide fondamental, à son vide originel ou primordial une foule d'images, de représentations, de statues.

Merleau-Ponty disait au sujet de Socrate que sa vie avait été une lutte constante contre ces « absolus figés » : « La vie et la mort de Socrate sont l'histoire des rapports difficiles que le philosophe entretient […] avec les dieux de la Cité, c'est-à-dire avec les autres hommes et avec l'absolu figé dont ils lui tendent l'image[1]. » Ces idoles, « absolus figés », « dieux de la Cité », sont extrêmement nombreuses et diverses, selon les sociétés et les époques. C'est l'ensemble des idéologies, c'est-à-dire des idées absolutisées, érigées en vérité supérieure : telle croyance

1. Maurice Merleau-Ponty, *Éloge de la philosophie et autres essais*, Gallimard, « Idées », 1965, p. 41.

religieuse, tel savoir scientifique, telle doctrine politique ou morale. Là est la cause de toute guerre dans le monde humain.

Chacun veut installer son idole au centre de la Cité. À cet égard, Jean-Claude Ravet écrit justement que « Dieu n'est pas incompatible avec la Cité, mais les idoles, qui détruisent la Cité, le sont. Ce sont les idoles faites de main d'homme (qu'elles prennent la forme de la religion, de la raison, de l'histoire, de la science ou de la technique) qui envahissent les lieux publics et les ferment ou les transforment en lieux de culte, ou bien nient l'existence, dans l'ordre des affaires humaines, d'espaces libres de toute vérité intransigeante. Elles interdisent la discussion, vue comme inutile, inoculent le sentiment d'impuissance, instituent l'état de choses irréversible, le mutisme dans l'espace du politique, elles court-circuitent la quête de sens dans l'imposition du sens, la recherche d'identité dans la clôture identitaire. L'être humain en tant que tel devient superflu, il n'a de sens qu'en fonction de sa soumission inconditionnelle aux idoles [1] ».

Qu'est-ce donc que la laïcité, à la lumière de cela ? Dire que la laïcité aboutit à « laisser *vide* la place de la croyance » ne signifie-t-il pas aussi que son geste essentiel est de faire table rase des idoles ou idéologies dont les hommes ont fait un totem au centre de la Cité ? Mais

1. Jean-Claude Ravet, « Le spirituel et la citoyenneté. Réflexion sur le sens de la transcendance dans un projet démocratique », *Relations*, n° 663, septembre 2000, disponible en ligne.

alors cette laïcité serait quelque chose de très inattendu. Car une telle table rase ressemble étrangement… à la même destruction des idoles accomplie par tous les grands prophètes du monothéisme, sans exception ! Jésus qui chasse les marchands du Temple, avant lui Abraham et Moïse, après lui Mohammed, tous ont été d'abord des iconoclastes. La destruction des idoles a été leur propre geste inaugural, leur propre geste décisif en vue toujours de faire aux hommes un *rappel* fondamental : celui que le Mystère essentiel n'est pas figurable, qu'il se tient au-delà de toute représentation…

Le geste de la laïcité et le geste des prophètes du judaïsme, du christianisme et de l'islam vident l'un et l'autre la place de la croyance en la débarrassant de ces formes absolutisées du sacré que sont les idoles et les idéologies. Qui cependant a déjà fait l'hypothèse d'une telle similitude de fond entre la table rase laïque des idéologies et la destruction des idoles opérée par les fondateurs des trois monothéismes ? Qui a vu cette *prodigieuse rencontre au sommet entre l'iconoclasme laïque et l'iconoclasme biblique* ? Ce qui crève les yeux empêche de voir. L'évidence aveugle, ici comme ailleurs. Voilà bien pourtant encore une possible dimension supplémentaire du génie laïque de la France. N'est-il pas une reprise magistrale du grand geste antique de la destruction des idoles, et peut-être même son parachèvement ? Et n'est-ce pas cette référence à l'iconoclasme monothéiste qui fournit aussi bien à notre laïcité moderne qu'au génie français sa racine originelle en même temps que la compréhension de sa portée spirituelle la plus haute ?

Commençons donc par examiner d'un peu plus près cet iconoclasme (du grec *eikonoklastês*, « briseur d'icônes ») monothéiste. On le trouve à l'œuvre dans l'épisode de la destruction de ce veau d'or que Moïse « réduisit en poudre » selon l'Exode : « Le peuple, voyant que Moïse tardait à descendre de la montagne, s'assembla autour d'Aaron, et lui dit : Allons, fais-nous un dieu qui marche devant nous, car ce Moïse, cet homme qui nous a fait sortir du pays d'Égypte, nous ne savons ce qu'il est devenu. Aaron leur dit : Ôtez les anneaux d'or qui sont aux oreilles de vos femmes, de vos fils et de vos filles, et apportez-les-moi. Et tous ôtèrent les anneaux d'or qui étaient à leurs oreilles, et ils les apportèrent à Aaron. Il les reçut de leurs mains, jeta l'or dans un moule, et fit un veau en fonte. Et ils dirent : Israël, voici ton dieu, qui t'a fait sortir du pays d'Égypte ! Lorsque Aaron vit cela, il bâtit un autel devant lui, et il s'écria : Demain, il y aura fête en l'honneur de l'Éternel ! [...] L'Éternel dit à Moïse : Va, descends ; car ton peuple, que tu as fait sortir du pays d'Égypte, s'est corrompu [...] Moïse retourna et descendit de la montagne, les deux tables du témoignage dans sa main ; les tables étaient écrites des deux côtés, elles étaient écrites de l'un et de l'autre côté [...] Et, comme il approchait du camp, il vit le veau et les danses. La colère de Moïse s'enflamma ; il jeta de ses mains les tables, et les brisa au pied de la montagne. Il prit le veau qu'ils avaient fait, et le brûla au feu ; il le réduisit en poudre, répandit cette poudre à la surface de l'eau, et fit boire les enfants d'Israël[1]. »

1. Exode 32, 1-20.

Avant Moïse, cependant, c'est bien Abraham lui-même, père du monothéisme juif, chrétien et musulman, qui fut un tel destructeur d'idoles, comme le rapporte le *Bereshit Rabba*, dit aussi *Genèse Rabbah*, qui « est un des volumes du *Midrash Rabba*, un ensemble de dix recueils de *midrashim aggadiques* (enseignements non législatifs) sur les cinq Livres de la Torah et les cinq Rouleaux. Au chapitre 38, on lit un épisode concernant l'enfance d'Abraham, relaté par R. Hiyya. Terah, père d'Abraham, y est désigné comme "fabricant d'idoles". Un jour, devant s'éloigner de son atelier, il le confie au petit Abraham. Une femme y entre pour faire une offrande de nourriture aux idoles. Abraham saisit alors un bâton et brise toutes les idoles, sauf la plus grande, dans la main de laquelle il place le bâton. Au retour de Terah, Abraham explique le désastre sur le mode de la raillerie : ayant reçu l'offrande, les idoles se sont disputées entre elles, à qui en mangera la première, et la plus grande a détruit toutes les autres avec son bâton[1] ».

Du côté du message chrétien, l'iconoclasme est présent bien avant même que Paul de Tarse ne s'adresse aux philosophes de l'Aréopage d'Athènes, qu'il interpella en ces termes : « Athéniens, quand je vous observe, je vous tiens pour des hommes très religieux. N'ai-je pas vu, en passant, alors que j'examinais vos monuments sacrés, un autel portant cette inscription : "Au dieu que nous ne

1. Massimo Leone, « Une iconographie paradoxale : les saints briseurs d'idoles », *Actes sémiotiques*, n° 118, juin 2015, disponible en ligne.

connaissons pas" ? Celui que vous vénérez dans l'ignorance, moi je vous l'annonce. » Et ce « Dieu Seigneur du ciel et de la terre n'habite pas dans des temples construits par la main de l'homme, [...] en lui seul nous vivons, nous mouvons, existons. Nous sommes de sa descendance, ainsi que l'ont dit aussi certains de vos poètes », alors « puisque nous appartenons à la descendance de Dieu, nous ne devons pas penser que la divinité est semblable à de l'or, de l'argent ou de la pierre, auxquels l'art et l'invention de l'homme auraient donné forme[1] ».

Dans le même sens d'une admonestation faite à ceux qui oublient le divin authentique, on trouve dans l'Évangile selon Matthieu un épisode de la vie de Jésus qui reprend la parole divine citée par le prophète Jérémie et dénonce le dévoiement de la « maison de Dieu » par tout un ensemble de trafics et de commerces : « Est-elle à vos yeux une caverne de voleurs, cette maison sur laquelle mon nom est invoqué[2] ? » C'est l'épisode des marchands du Temple : « Jésus entra dans le temple de Dieu. Il chassa tous ceux qui vendaient et qui achetaient dans le temple ; il renversa les tables des changeurs, et les sièges des vendeurs de pigeons. Et il leur dit : Il est écrit : Ma maison sera appelée une maison de prière. Mais vous, vous en faites une caverne de voleurs[3]. » Or Jérémie, dans l'Ancien Testament, est un grand contempteur des idoles fabriquées avec du bois, de l'argent et de l'or : « Ces dieux

1. Actes 17, 22-29.
2. Jérémie 7, 11.
3. Matthieu 21, 12-13.

ressemblent à un poteau massif : ils ne parlent pas. Il faut bien qu'on les porte, puisqu'ils ne peuvent pas marcher ! N'ayez pas peur d'eux, car ils ne peuvent faire aucun mal ; ils sont même incapables de faire du bien [...] Tout orfèvre est honteux de sa sculpture sacrée, car son idole n'est que mensonge : le souffle de la vie n'habite pas dans les idoles. Elles sont sans consistance, ridicules. Quand ce sera le moment d'intervenir contre elles, elles disparaîtront[1]. »

Soulignons aussi que le Coran reprendra ce même thème de l'iconoclasme en le développant ainsi, notamment au sujet d'Abraham : « Il se tourna alors vers leurs divinités et dit [à celles-ci] : “Que ne mangez-vous pas ? Et qu'avez-vous à ne pas parler ?” Puis il se rua sur les statues et les frappa de sa main droite[2] » ; « il les fit alors toutes voler en éclats, à l'exception de la plus imposante » et « il dit : “Adorez-vous donc, à la place de Dieu, ce qui ne peut ni vous être utile ni vous nuire ? Honte à vous et à tout ce que vous adorez à la place de Dieu ! Ne raisonnez-vous pas ?”[3] ».

Quant à Mohammed lui-même, il fut lui aussi un destructeur d'idoles, comme le relate sa Geste (*Sîrat*) telle qu'elle est rapportée par Martin Lings sur la base des récits traditionnels : « Il [Mohammed] se rendit directement vers l'angle sud-est de la Ka'bah et toucha respectueusement la Pierre noire de son bâton, prononçant en même

1. Jérémie 10, 5-15.
2. Sourate XXXVII, 91-93.
3. Sourate XXI, 58 et 66-67.

temps la formule de magnification : *Allahû akbar!* que répétèrent ceux qui étaient près de lui et, à leur suite, tous les croyants qui se trouvaient dans la Mosquée, et la ville entière résonnait de leur cri, repris et répété jusqu'à ce que le Prophète levât la main pour rétablir le silence [...] Tournant le dos à la Ka'bah, le Prophète s'avança vers les idoles, au nombre de trois cent soixante, qui étaient disposées en un vaste cercle autour de la Maison sacrée. Chevauchant entre celles-ci et la Maison, il répétait le verset révélé : *La vérité est venue et l'erreur s'est dissipée. Certes, l'erreur ne peut que se dissiper*[1], tout en pointant son bâton vers chacune des idoles, l'une après l'autre. Chaque fois que son bâton se tendait vers l'une d'elles, l'idole tombait la face en avant. Lorsqu'il eut fait un tour complet, le Prophète descendit de sa monture et alla prier à la station d'Abraham qui, à cette époque, était contiguë à la Ka'bah[2]. »

Le dévoilement laïque

De la Bible au Coran, l'iconoclasme est ainsi une constante. Judaïsme, christianisme, islam convergent dans le même geste de destruction des idoles. Une origine majeure de la France est dans ses racines bibliques ? Alors la France et l'islam ne s'opposent pas mais se rencontrent

1. Sourate XVII, 81.
2. Martin Lings, *Le Prophète Muhammad. Sa vie d'après les sources les plus anciennes*, Seuil, 1986, p. 358-359.

sur ce point fondamental. Alors également une partie du génie de la France trouve dans cette racine sa forme primordiale – au double sens de « première » et d'« essentielle » – comme s'il y avait là, dans cette source lointaine, une préfiguration et une intention directrice de ce qui allait chercher ensuite à s'exprimer dans notre histoire. Car cette préfiguration est manifeste au sujet de la laïcité comme « place vide laissée à la croyance ». Comment ne pas être frappé, en effet, par l'affinité remarquable entre l'iconoclasme biblique et l'iconoclasme laïque ? Leur proximité d'intention, si ce n'est de résultat, est forte. Les deux opèrent une formidable et identique *libération du sacré* hors des formes dans lesquelles les hommes l'avaient emprisonné. L'iconoclasme biblique libère la foi en le « vrai Dieu » de tous les cultes et de toutes les statues qui s'y étaient substitués. L'iconoclasme laïque, quant à lui, ne fait pas triompher l'incroyance, comme on le pense souvent à tort mais il libère lui aussi les hommes de toute forme de sacré qui serait imposée par la religion ; et au-delà il les libère de toute idéologie comme vérité supérieure qui, sacralisée ou absolutisée, prétendrait s'imposer à la Cité humaine.

Ainsi, en réalité, l'iconoclasme laïque non seulement prolonge l'iconoclasme biblique mais – comme nous le disions plus haut – il le *parachève* parce qu'au lieu de substituer une supposée « vraie religion » aux « faux cultes » il ouvre totalement le rapport au sacré, à la liberté personnelle de croire ou de ne pas croire, et, ce faisant, il libère en même temps la liberté et le sacré. Il fait donc de la libération du sacré hors de ses formes la libération simultanée de la conscience spirituelle vis-à-vis de toute domination religieuse qui s'exerçait sur elle. Finalement, les religions monothéistes ne furent iconoclastes qu'à moitié, ou qu'au début. Car très vite les unes et les autres s'empressèrent de revêtir le sacré de nouvelles formes, celles de leurs propres dogmes. Elles n'auraient ainsi abattu les idoles antérieures que pour les remplacer par d'autres. N'est-ce pas là d'ailleurs le destin funeste de tout culte que de dégénérer en idolâtrie ? Au contraire, la laïcité laisse définitivement vide la place de la croyance. Lorsqu'elle résiste à la tentation de sacraliser la République, elle ne donne le pouvoir à aucun culte, elle ne dresse aucune nouvelle statue, elle n'érige pas de nouveau totem. En ce sens-là, elle est peut-être infiniment plus iconoclaste que les iconoclasmes monothéistes, et plus fidèle même à leur intention primordiale qu'eux-mêmes ne le furent. Mais alors son avènement politique ne serait pas seulement le parachèvement de l'iconoclasme biblique et coranique, il pourrait correspondre au temps du *dévoilement* de leur intention profonde, un dévoilement jusque-là empêché par l'incessante substitution d'icônes nouvelles aux anciennes.

Achevons sur ce point. C'est bel et bien l'iconoclasme biblique qui, *si toutefois nous savons tendre l'oreille et nous souvenir*, nous fait entendre son inspiration première jusque dans notre iconoclasme laïque moderne. Comment avons-nous pu, depuis au moins le siècle des Lumières, être aussi aveugles à cette filiation ? Comment avons-nous pu ignorer à ce point, jusqu'ici, notre dette immense d'héritiers de l'iconoclasme ancien ? Comment avons-nous pu célébrer notre modernité politique, laïque et démocratique comme une rupture avec le passé sans voir derrière celle-ci la *continuité remarquable de cette sagesse iconoclaste qui, libérant le sacré de ses formes, le restitue à son vide originel* ? Ce tragique aveuglement nous a empêchés d'identifier notre laïcité comme le geste final par lequel s'accomplit le geste inaugural de notre longue tradition monothéiste ; le geste final de la consécration métaphysique de la vie politique comme dynamique du vide et du plein, ressourcement perpétuel, éternelle jeunesse, fontaine de jouvence de notre inspiration politique de justice à la source du vide sacré primordial.

3

Vers une spiritualité laïque ?

Que vaudrait le génie de la France s'il ne nous offrait pas à nous Français, et à tout être humain qui le désire, l'orientation possible d'une vie juste et sage ? Que valent en effet nos théories, quelles qu'elles soient, si elles restent des théories ? Que peuvent-elles nous apporter si elles ne contribuent pas à nous faire grandir en humanité ? Comment donc *vivre* à la hauteur de notre génie laïque, iconoclaste, métaphysique et mystique ?

Lorsque ici je parle de ce génie laïque de la France, relatif à la « place laissée vide de la croyance », son élucidation théorique n'est pas ainsi une fin en soi. Or avec tout ce que nous en avons explicité jusqu'à présent, il me semble que cette élucidation est sinon achevée, tout au moins que j'en ai fait ma part. Ce qu'il me reste donc maintenant à proposer dans ce livre, c'est la *dimension pratique, opérative, vécue du génie laïque français*, c'est-à-dire ce que nous pouvons en faire concrètement dans nos vies, la façon dont il peut inspirer notre vie spirituelle et notre vie tout court, lui donner une force directrice et motrice, que ce soit sur le plan personnel ou collectif.

Qu'est-ce que peut être donc pour nous de vivre selon la spiritualité laïque propre au génie français ? Comment peut-elle donner son orientation à notre existence, comme personne et comme nation ?

C'est sans doute chez Ferdinand Buisson qu'on trouve, historiquement, la réponse la plus concrète et complète à ces questions. Elle me semble toutefois encore insuffisante mais son importance historique me fait devoir la présenter ici. Selon son commentateur contemporain Vincent Peillon, c'est par exemple, et de la manière la plus synthétique, dans la lettre d'un instituteur du Pas-de-Calais qu'on trouve l'expression de cette spiritualité vécue, au point qu'« on pourrait croire ce texte écrit par Buisson lui-même[1] ». « Pour le moment, écrivait jadis ce professeur, je crois au Bien, je crois au Beau, je crois en un Idéal vers lequel tend l'humanité, un Idéal qui recule sans cesse à mesure que l'on croit en approcher et Dieu est sans doute cette perfection que nous poursuivons sans espoir de l'atteindre[2]. » En quel sens s'agit-il là d'une spiritualité proprement laïque ? Souvenons-nous ici que laïcité rime avec liberté. En « laissant vide la place de la croyance », la laïcité laisse chaque conscience libre de sa vision du monde. Or selon Ferdinand Buisson, lorsqu'on laisse ainsi l'être humain entièrement libre, il est potentiellement capable de n'écouter que son propre cœur et sa propre conscience – comme le disait déjà Jean-Jacques

1. Vincent Peillon, *Une religion pour la République. La foi laïque de Ferdinand Buisson*, Seuil, 2010, p. 220.

2. Cité *ibid.*

Rousseau dans la *Profession de foi du vicaire savoyard* –, et c'est en eux qu'il trouve les idéaux énoncés par l'instituteur : le Vrai, le Beau, le Progrès de l'humanité vers la vie de Dieu qui est l'être, la conscience, la vie parfaite parce que pleinement conforme à ces idéaux. Selon Buisson, par conséquent, il y a une supériorité de cette « religion laïque » sur les autres religions parce qu'elle n'impose rien à l'homme qui viendrait du dehors. Elle lui fait simplement suivre la voie et la voix de sa propre intériorité. Voilà pourquoi il la désigne comme « religion de la liberté », une spiritualité de l'autonomie. Sa pensée prolonge là, écrit Vincent Peillon, l'« admirable hérésie protestante » qui va « considérer que l'action de Dieu exige d'être continuée par l'action de l'homme, que la créature est elle-même créatrice [1] ».

C'est également une « religion de l'humanité », c'est-à-dire une religion naturelle qui ne repose que sur l'exercice de nos facultés humaines (conscience, raison, imagination, volonté). On peut considérer d'ailleurs que cette religion naturelle se prolonge ou s'approfondit dans une « mystique naturelle » ou « mystique sauvage », comme disait Michel Hulin [2], c'est-à-dire dans l'expérience spontanée que peut faire un être humain de sa vie comme reliée à l'infiniment plus grand que soi, ce dont témoigne Romain Rolland en évoquant ce « sentiment religieux spontané, ou plus exactement la *sensation* religieuse, qui est toute différente des reli-

1. *Ibid.*, p. 261.

2. Michel Hulin, *La Mystique sauvage. Aux antipodes de l'esprit*, PUF, 1993.

gions proprement dites [...] le fait simple et direct de la sensation de “l’éternel” qui peut très bien n’être pas éternel mais simplement sans bornes perceptibles et comme océanique[1] », une sensation dont « les “grands” mystiques avouent unanimement leur incapacité à traduire en mots ce qu’ils ont ressenti », et « où ils décèlent l’inadaptation congénitale et définitive du langage humain à un certain ordre de réalité », une sensation donc inqualifiable, si ce n’est par les allusions à une « Joie », « Félicité » ou « Béatitude[2] ».

Religion de la liberté, religion naturelle, cela veut dire que l’être humain n’a besoin d’aucune religion révélée à tel ou tel prophète. La révélation intérieure suffit, à condition bien sûr de faire le très grand effort spirituel propre à la déclencher en soi. Or c’est précisément ce que ne peuvent admettre les religions du Livre et avec elles l’ensemble des religions instituées. Pour elles, l’homme ne peut pas tout tirer du dedans, il lui faut le secours du dehors. Il a besoin de la guidance d’une divinité pour mener une vie juste et sage. Pour cette raison, précise Peillon, la « foi laïque » de Buisson représente une « hérésie[3] » du point de vue des dogmes des religions révélées, qui ne conçoivent pas que l’être humain puisse faire de sa vie un grand chemin vers le Bien autrement que par l’obéissance à leurs dogmes et lois, à leur orthodoxie et orthopraxie.

---

1. Romain Rolland, lettre à Freud du 5 décembre 1927, cité *ibid.*, p. 35.

2. *Ibid.*, p. 61.

3. Vincent Peillon, *Une religion pour la République*, *op. cit.*, p. 259.

Ses limites

Nous adhérons à bien des choses dans cette spiritualité laïque. Cependant, on l'a dit, il ne me semble pas qu'elle soit encore exactement ni suffisamment à la hauteur du génie français, pour une raison simple : *elle ne fait tout de même pas assez le vide*. Au contraire, elle ne paraît souvent refuser le culte des formes religieuses du sacré que pour leur substituer le culte des formes sacrées imaginées par l'idéalisme philosophique : le Bien, le Vrai, le Juste et le Beau, autrement dit les vieilles catégories platoniciennes, qu'Emmanuel Kant rebaptisa « idéaux régulateurs » pour faire entendre que, étant inconnaissables en eux-mêmes, ils constituent l'horizon rationnellement et raisonnablement désirables de notre action. Comme le précise Vincent Peillon au sujet de Buisson, celui-ci est tributaire de l'influence de Victor Cousin, pour lequel « il n'y a qu'une religion. C'est la religion de l'esprit aspirant à remplir sa fonction d'esprit, à savoir le vrai, à aimer le beau, à faire le bien[1] ». Deux choses sont ici préjudiciables. D'une part, c'est encore et toujours la tentation que nous avons critiquée dans la première partie de ce livre, de faire de la religion de la République, humaniste, idéaliste, philosophique et rationnelle, une concurrente des religions traditionnelles vis-à-vis desquelles on proclame la supériorité de la première. D'autre part, qu'est-ce qui nous garantit ici, au sujet du Vrai, du Beau, du

1. *Ibid.*, p. 218.

Bien, que nous n'aurons pas affaire qu'à des idéologies humaines trop humaines, des conceptions mentales relatives, subjectives, fabriquées par la raison et l'imagination sans rien de réellement transcendant ? On ne fabrique pas du sacré en prétendant faire sortir le supérieur de l'inférieur, le sens profond du réel de constructions mentales dépendantes de chaque époque ou de tel ou tel corps de doctrine dans lequel il est censé s'incarner : le Bien dans telle morale, le Vrai dans tel savoir, le Juste dans tel système politique, le Beau dans tel canon pictural, etc.

Ferdinand Buisson ne semble récuser le religieux que pour retomber dans sa pire illusion : qu'une forme déterminée d'idole humaine peut contenir et produire le sacré en soi. À son tour, Buisson me semble ainsi échouer à s'établir réellement dans le vide, c'est-à-dire dans le pur mystère. À cet égard, il semblerait donc que la difficulté cardinale pour la vie spirituelle de l'être humain soit de se tenir assez dans ce vide pour y puiser véritablement – à la source même de ce que le Pseudo-Denys l'Aréopagite appelait le « Secret suressentiel » de la réalité – les motifs supérieurement justes et sages de son action et de la conduite de sa vie. Il nous faut impérativement nous souvenir ici de la leçon de Denys, citée plus haut : « si nous nous élançons vers ce Secret », *et à cette condition seulement*, nous recevrons de lui la « Lumière » et la « Parole » « qui procèdent de lui vers nous pour nous déifier, nous donner l'être, la vie ou la sagesse ». Si le laïque puise en lui jusque-là, dans ce fond de l'abîme où gît le Secret suprême de la réalité qui est « Cause parfaite » de tout ce qui est Bien, Vrai, Juste et Beau dans cette existence, il ira chercher bien plus loin que ne l'envisagent Ferdinand Buisson et tous ceux qui, comme lui, ne furent que des théoriciens d'idéaux abstraitement conçus par leur raison, très en deçà me semble-t-il d'une inspiration par le « Secret suressentiel ».

Faute de plonger si profond, ou trop pressée pour s'y ancrer vraiment, la spiritualité laïque de Buisson, puis de tous ceux qui se sont réclamés de lui dans cette veine d'une religion républicaine, oscille à un niveau intermédiaire entre une authentique spiritualité du vide et les religions traditionnelles. Parfois dans les mêmes textes, le vide et le plein, l'ouvert et le fermé, le spirituel et le religieux se mélangent, comme ici dans l'article « Prière » de son fameux *Dictionnaire de pédagogie* où Buisson évoque une spiritualité ouverte à l'infini pour finalement revenir à l'idée religieuse de Dieu – qui enclot cet infini dans son concept : « Il y a des heures dans la vie où soudain, comme un trait de lumière, l'infini nous saisit, l'*au-delà* nous apparaît [...] dégageons-nous donc et de la prière dogmatique et de la prière scolastique et de la prière mystique : il nous restera, pour nous et pour nos enfants, la prière humaine, la seule éternellement vraie et bonne [...] celle qui est un chant, mais un chant de vie et de courage, un soupir, mais suivi d'un élan, un appel à Dieu, mais aussi un effort de l'homme ; celle enfin qui ouvre à chacun au fond de lui-même une sorte de sanctuaire où il se ressaisit et ressaisit Dieu, à sa manière[1] ».

---

1. Ferdinand Buisson, article « Prière », in *Dictionnaire de pédagogie et d'instruction primaire*, 1888, p. 2432.

Si par conséquent Buisson est fondé à dire qu'il s'agit de « ne pas laisser les religions confisquer la religion », c'est-à-dire les dogmes remplir le vide laissé à la croyance – dans la Cité humaine et dans le cœur humain –, néanmoins il n'est pas lui-même aussi adogmatique que cela. Quoique attaché au « refus de toutes les orthodoxies » et s'interrogeant fortement – « Mais lorsqu'on a éliminé les autorités, les dogmes, les cultes, que reste-t-il[1] ? » –, il ne parvient pas à arracher l'existence humaine à une orbite du religieux révélé qui finit par le rattraper de deux manières. D'abord par le maintien de l'idée de Dieu, sa religion laïque étant « celle qui, dès l'école, serait-ce sous l'espèce de la morale laïque », éveille « au fond de l'âme de nos enfants l'étincelle sacrée, continue à leur faire adorer Dieu, non le mot mais la chose, et à mettre chacun d'eux, tous les jours de sa vie, face à face, dans le secret de son cœur et de sa conscience, en contact direct avec le divin[2] ». Ensuite lorsqu'il imagine cette même religion laïque française comme… imitation de Jésus-Christ ! Proposition inaudible aujourd'hui dans la France multiconfessionnelle, évidemment, soit dit en passant, et qui surtout réinstalle encore et toujours une forme absolutisée au centre de la Cité humaine. Vincent Peillon présente très bien ce christianocentrisme qui rattrape Buisson : « L'homme de Buisson n'est pas un simple morceau de matière, pas davantage un corps animé, pas même non plus un animal rationnel. Il est d'abord une créature

1. *Ibid.*
2. *Ibid.*

religieuse. L'homme républicain se définit comme animal religieux. Contre l'idée d'une nature pécheresse, d'une histoire déterminée, tout le mouvement de pensée consiste à vouloir réaliser, dans une démarche progressive, graduelle, incarnée, la personnalité de Jésus. Non seulement l'hérésie républicaine nous convoque à poursuivre l'œuvre de Dieu [...] mais elle nous convoque à être Jésus [...]. La perfectibilité de notre nature nous conduit à vouloir être des Christs républicains[1]. »

Au-delà du spiritualisme laïque ?

Mais alors où trouver une spiritualité laïque qui fasse pleinement justice au sens français du vide ? Au génie français d'un « Secret suressentiel » qui, n'étant même pas Dieu car Dieu est un concept, ne fasse plus référence à aucun divin ? Malgré sa force, la doctrine issue de Ferdinand Buisson ne propose pas cet *éloge du vide* que nous avons pu trouver dans les plus hautes expressions de la métaphysique et de la mystique d'Orient et d'Occident. Elle ne suffira donc pas, à elle seule, à installer au centre de notre République le Temple vide dont le non-manifesté manifestera politiquement et spirituellement le génie de la France.

Qu'est-ce qui fait le plus obstacle à ce vide ? Qu'est-ce que les hommes ont, de tous temps et en tous lieux,

1. Vincent Peillon, *Une religion pour la République*, *op. cit.*, p. 275-278.

installé de plus massif sur le plan de l'Être, de plus compact ontologiquement au centre de leurs Cités ? Comme chez Buisson, c'est le divin, le Dieu des monothéismes, le panthéon des dieux dans les polythéismes – l'Étant ou les Étants les plus parfaits que l'esprit humain puisse concevoir. Voilà ce qui empêche le plus durablement et lourdement de « laisser vide la place de la croyance ». Le Dieu des religions n'est-il pas l'ultime idole ? Rappelons-nous ici que les penseurs apophatiques et les mystiques, au cœur même des grandes religions, judaïsme, christianisme, islam, hindouisme, taoïsme, etc., dépassaient cette idée même de Dieu sur leur chemin vers le Secret suressentiel ; ce faisant, ils exprimaient le service rendu du mystique au religieux, la fonction de la mystique *dans* la religion même, et non pas contre elle ni hors d'elle, qui est de maintenir dans les systèmes religieux l'ouverture vers le vide ultime dont ils ont besoin pour ne pas s'étouffer avec leur trop-plein de sacralité.

Par conséquent, si nous voulons trouver une authentique spiritualité laïque au-delà du spiritualisme idéaliste et déiste de Ferdinand Buisson, il faut se passer de l'idée de Dieu, désobstruer le vide de cette plus encombrante forme du sacré, et aller la chercher du côté de l'*athéisme mystique*. Oxymore ? Contradiction ? Non-sens ? Pas chez André Comte-Sponville, par exemple, qui évoque ainsi ce qui reste à la vie spirituelle quand elle sait se passer de Dieu : « Quand Dieu a cessé de manquer, que reste-t-il ? La plénitude de ce qui est, qui n'est pas un Dieu, ni un sujet. Quand le passé et l'avenir ont cessé de nous séparer du présent, que reste-t-il ? L'éternité : le perpétuel maintenant du réel et du vrai. Quand l'ego ou le mental ont cessé de nous séparer du réel, que reste-t-il ? L'unité silencieuse de tout[1]. » Ailleurs, Comte-Sponville évoque son « mysticisme de l'immanence » et la possibilité d'une « mystique athée[2] » de manière très cohérente, en lien précisément avec ces mystiques dont nous parlons nous-mêmes ici : « Ce que les mystiques expérimentent, c'est la *présence* de l'absolu. Or, si l'absolu est là, on n'a plus besoin d'Église, ni même de religion… Ce n'est pas un hasard si tant de mystiques ont eu maille à partir avec leurs Églises respectives. Maître Eckhart condamné, Al Hallâj exécuté… Le mystique, disait encore le père Lubac, est "sensible à une lumière intérieure qui le dispense de croire" […] Qu'a-t-on besoin d'un Dieu pour "sentir et expérimenter que nous sommes éternels", comme dit Spinoza, autrement dit que nous sommes, ici et maintenant, dans l'absolu[3] ? » Et donc : « Qu'est-ce que la sagesse, sinon une spiritualité laïque[4] ? »

Et si d'aventure nous tenons de manière invincible à « cette vieillerie de Dieu », comme dit Christian Bobin ? Est-ce incompatible avec le vide d'une véritable spiritualité laïque ? Peut-être pas si, comme il nous le conseille, nous revenons à la « pauvreté de Dieu », c'est-à-dire à « ce

---

1. André Comte-Sponville, *L'Esprit de l'athéisme. Introduction à une spiritualité sans Dieu*, Albin Michel, 2006, p. 203.

2. André Comte-Sponville, Luc Ferry, *La Sagesse des Modernes*, Robert Laffont, 1998, p. 722.

3. *Ibid.*

4. *Ibid.*

murmure du silence au silence » de « François d'Assise, quand il parle aux oiseaux ou à Claire, sa petite sœur d'insouciance[1] », et qu'alors on s'aperçoit que ce Dieu n'est pas le Très-Haut des religions ni de Platon, ce maître suprême du Bien et du Vrai, mais le « Très-Bas », qui « ne sait tenir que dans les ritournelles d'enfance, dans le sang perdu des pauvres ou dans la voix des simples et tous ceux-là tiennent Dieu dans le creux [le creux, toujours le creux ou le cœur] « de leurs mains ouvertes, un moineau trempé comme du pain par la pluie, un moineau transi, criard, un Dieu piailleur qui vient manger dans leurs mains nues. Dieu c'est ce que savent les enfants, pas les adultes. Un adulte n'a pas de temps à perdre à nourrir les moineaux[2] ».

Lisant André Comte-Sponville ou Christian Bobin, nous comprenons enfin un peu mieux la vie spirituelle à laquelle nous appelle le génie français. Il nous appelle à nous dépouiller, à nous défaire de nos images sacralisées, à commencer par celles de Dieu ou de notre propre ego. Il nous appelle à faire le vide en nous-mêmes, à creuser assez profond jusqu'au vide ultime du Secret suressentiel – que nous ne pourrons cependant jamais, comme tel, faire remonter de notre profondeur et qui ne s'offrira donc jamais à l'illusion de sa possession par notre conscience mentale... Le génie français nous appelle ainsi à commencer le travail de destruction des idoles à l'intérieur de nous-mêmes ; ce qui veut dire que la « place laissée vide de la

1. Christian Bobin, *Le Très-Bas*, Gallimard, 1992, p. 108.
2. *Ibid.*, p. 111.

croyance » dont parle Debray ne se libère pas seulement *au-dehors* par la séparation politique, officielle, solennelle des Églises et de l'État mais qu'elle requiert d'être libérée aussi *au-dedans* par la séparation entre moi-même et mes idoles personnelles. Ce qui veut dire ? Que la laïcité implique une tâche intérieure autant qu'extérieure, qu'elle est exercice spirituel autant que principe politique, et que, par conséquent, nous n'arriverons pas à l'instituer suffisamment au-dehors tant que nous ne l'aurons pas instituée au-dedans.

Aussi longtemps, en effet, que le principe politique de la laïcité ne sera pas devenu vertu spirituelle, il continuera de nous échapper comme réalité vivante, il ne pourra pas alimenter notre vie sociale et politique à sa source spirituelle ultime – qui est le Secret suressentiel. Pourquoi ? Parce que si au-dedans nous restons des idolâtres, si nous continuons de conduire notre vie à partir d'idéologies, d'« absolus figés », de théories et de représentations mentales que nous surimposons au réel, alors nous obstruons notre intériorité, nous bouchons cette source d'où en elle, dans le vide du cœur, jaillit l'inspiration souveraine. Souveraine parce que le souffle du Secret suressentiel vient à chaque instant insuffler et réinsuffler de l'infini dans le fini de nos vies, de l'ouvert dans le clos de nos certitudes, de nos valeurs, de nos idéaux, une vie et une vitalité inépuisables dans nos représentations et nos engagements qui, sans cela, n'ont que la médiocrité de productions de notre ego si limité de toutes parts.

« *Laïcité intérieure* »

Si la laïcité nous attend aussi au-dedans de nous-mêmes, peut-on parler d'une « laïcité intérieure » ? La notion nous vient de l'historien Claude Nicolet. L'essentiel de sa pensée sur le sujet se trouve dans deux passages de *L'Idée républicaine en France* : la « laïcité intériorisée » et la « République intérieure ». Dans ce qu'il dit là, il y a une matière considérable pour l'usage spirituel de la laïcité que peut faire une conscience française.

« La laïcité, commence-t-il, est un peu plus qu'une institution ; un État a-religieux et anticlérical peut être, à son tour, dogmatique et totalitaire ; alors il n'est pas laïque [car] il prétend diriger les esprits autrement que par la liberté elle-même[1]. » Dès lors, « la laïcité doit pénétrer les esprits et débusquer les dogmatismes jusqu'au cœur de chaque individu par une discipline permanente. Le respect de soi-même peut seul enseigner le respect des autres[2] ». Il y a là un rappel implicite de ce qu'est la laïcité : en ôtant aux Églises tout pouvoir politique, elle les empêche de réclamer une soumission absolue des hommes à Dieu ; elle libère donc les citoyens d'un potentiel absolutisme religieux. Mais il y a aussi le risque d'un absolutisme de l'État, qui ne concerne pas seulement les dictatures mais qui menace

1. Claude Nicolet, *L'Idée républicaine en France. Essai d'histoire critique (1789-1924)*, Gallimard, « Tel », 1982, p. 499-500.

2. *Ibid.*

la démocratie et l'État de droit, et tout pouvoir politique dès lors que ce pouvoir est exercé par des hommes qui, *en eux-mêmes*, n'ont pas combattu et vaincu le démon de la volonté de puissance, l'appétit de domination et de gloire – bref, cette Église intérieure dont le Dieu est leur ego.

Jean Baubérot écrit que « dix ans plus tard, Nicolet précise sa pensée sur la laïcité intérieure : en chacun sommeille, toujours prêt à s'éveiller, le petit "monarque", le petit "prêtre", le petit "important", le petit "expert" qui prétendra s'imposer aux autres et à lui-même par la contrainte, la fausse raison, ou tout simplement la paresse et la sottise ». Personne ne se trouve à l'abri de ce cléricalisme interne, et l'« esprit laïque » consiste « par un effort difficile mais quotidien [à] essayer de s'en préserver ». Nicolet va même jusqu'à conclure : « La laïcité, tout compte fait, est un exercice spirituel » car « il faut lutter, "au plus intime de la conscience", contre tout ce qui incite au "renoncement à avoir une opinion à soi [...] pour se fier à une vérité toute faite"[1]. »

La laïcité rejoint ici l'esprit critique, et d'abord la capacité d'autocritique. Car « lutter [...] contre tout renoncement à avoir une opinion à soi », c'est avant tout lutter contre son propre endormissement intellectuel. Revenons à Alain : « Penser, c'est dire non. Remarquez que le signe du oui est d'un homme qui s'endort ; au contraire le

1. Jean Baubérot, « Ni pute ni soumise. La laïcité intérieure », *in* Jean Baubérot (dir.), *La Laïcité falsifiée*, La Découverte, 2014, p. 145-157.

réveil secoue la tête et dit non. Non à quoi ? Au monde, au tyran, au prêcheur ? Ce n'est que l'apparence. En tous ces cas-là, c'est à elle-même que la pensée dit non. Elle rompt l'heureux acquiescement. Elle se sépare d'elle-même. Elle combat contre elle-même. Il n'y a pas au monde d'autre combat [...] Réfléchir, c'est nier ce que l'on croit. Qui croit ne sait même plus ce qu'il croit. Qui se contente de sa pensée ne pense plus rien. » Dans le même texte, Alain met également en garde contre la fascination des « signes » dans lesquels s'exprime le sacré religieux. « Toute religion est vraie, écrit-il. Mais cela ne m'avance guère. Il faut que je dise non aux signes ; il n'y a pas d'autre moyen de les comprendre. Mais toujours se frotter les yeux et scruter le signe, c'est cela même qui est veiller et penser [...] Ce que je crois ne suffit jamais, et l'incrédulité est de foi stricte[1]. »

Ce texte d'Alain se situe, ne l'oublions pas, dans son recueil intitulé *Propos sur les pouvoirs*. Or quels sont les pouvoirs les plus puissants aujourd'hui, qui menacent notre liberté spirituelle, notre « laïcité intérieure » ? Jean Baubérot identifie comme cléricalismes les plus puissants aujourd'hui ce qu'il nomme les « dogmes socialement obligatoires » et les « questions socialement obligatoires » de la « société dominante », et tout particulièrement le général en chef de ce sacré hégémonique aujourd'hui à l'échelle de la planète : les « dominations puissantes et

1. Alain, « L'homme devant l'apparence », 19 janvier 1924, n° 139, *Propos sur les pouvoirs*, Gallimard, « Folio Essais », 1985, p. 351-353.

permanentes de l'ultracapitalisme». Voilà le «monstre», dit-il encore, qui aujourd'hui «menace gravement la liberté de penser» par la domination sans partage qu'il exerce sur tous les médias majeurs et la vision du monde des élites politiques et culturelles. Face à cela, Jean Baubérot conclut par une adresse au lecteur qui mérite, elle aussi, d'être répercutée tant elle indique bien le sens de l'effort à venir pour la conscience française : «Il arrive un moment où les vérités trop vite établies vous apparaissent pour ce qu'elles sont : défigurées, souillées. Sans l'avoir vraiment voulu, vous devenez plus ou moins hérétique à l'égard de dogmes socialement obligatoires, votre laïcité intérieure vous pousse à sortir des chemins balisés [...], des questions dominantes, des questions qui bénéficient d'une forte visibilité sociale, des questions au pouvoir. On pourrait même penser que la société ne se pose que les questions auxquelles elle peut fournir des réponses qui lui plaisent, ou qui, en tout cas, ne la remettent pas en cause. Mais, jusqu'à présent, la grandeur de l'humanité a reposé sur ceux, individus ou groupes, qui ont osé se poser des questions sans réponses, ceux qui ont pris la liberté (et eu le courage) de s'aventurer dans des univers plus incertains, et en ont bien souvent payé le prix. Sans prétendre à l'héroïsme, au moins ne soyons pas dupes. N'intériorisons pas l'univers mental du monstre doux. Cultivons la laïcité intérieure. Ne nous laissons pas duper. Résistons[1] !»

---

1. Jean Baubérot, «Ni pute ni soumise. La laïcité intérieure», art. cit.

Telle est la nécessité de savoir faire vivre en soi la laïcité, nécessité qui est la tâche inséparable de notre conscience politique et de notre conscience spirituelle. En ce sens, écrivait Nicolet, la laïcité, pour être opérative, réellement libératrice de tous les jougs, doit être « à la fois une institution collective (c'est-à-dire une organisation de l'État telle qu'il s'interdise toute action autoritaire et déloyale sur les consciences, et qu'il veille soigneusement à ce que nul parti, nulle secte, nulle opinion même ne puissent en exercer) et une ascèse individuelle, une conquête de soi sur soi-même[1] ». Une *double* « ascèse » en réalité : outre l'« ascèse individuelle » de chacun (face à la paresse ou à la lâcheté de sa pensée, aux illusions ou aux vanités de son ego), l'ascèse de l'État et de ceux qui gouvernent, c'est-à-dire leur effort et leur capacité à ne pas faire régner une idéologie particulière, des idées de droite ou de gauche, un progressisme ou un conservatisme, etc., mais d'abord une *neutralité* – la fameuse neutralité de l'État laïque. « Il n'y a que le néant qui soit neutre », avait certes dit Jean Jaurès[2]… Mais non, précisément ! Le « néant » laïque n'est pas le rien mais ce vide dont on a parlé ici, ce vide créateur de la liberté, ce vide de la transcendance la plus ouverte, ce vide au cœur de l'homme qui est en lui la Présence du Mystère de la Réalité, source d'inspiration suprême de notre petit être et de notre petit agir par ce qui meut secrètement tout l'Être et l'Agir de l'univers. Son moteur immobile, aurait dit Aristote.

1. Claude Nicolet, *L'Idée républicaine en France*, *op. cit.*, p. 500.

2. Jean Jaurès, *Revue de l'enseignement primaire et primaire supérieur*, octobre 1908.

Comment toutefois se donner des chefs politiques aussi puissamment inspirés ? Plusieurs de nos présidents de la République ont fait référence aux « forces de l'esprit » et ont semblé persuadés qu'elles les habitaient. Mais *on reconnaît un arbre à ses fruits*, et lorsqu'on observe tout le contraire de la liberté et de la neutralité dont parle ici Nicolet, à savoir un État de plus en plus autoritaire et liberticide derrière sa rhétorique communicationnelle de protection des citoyens et de souci de leur bien-être, on peut en douter – pour dire le moins.

L'impensé de notre tradition laïque

Ce *lien indispensable à nouer entre intériorité et citoyenneté*, œuvre au-dedans et œuvre au-dehors, travail sur soi et action politique ou tout engagement social, est l'immense *impensé* de notre tradition laïque et républicaine. Or nous avons absolument besoin aujourd'hui de débusquer cet impensé, de le conscientiser pour le dépasser. Ainsi que l'ont fait remarquer Éric Vinson et Sophie Viguier-Vinson, cette dimension spirituelle comme inspiration profonde de notre engagement dans le monde, de notre citoyenneté politique et de l'exercice du pouvoir était présente chez Jean Jaurès dont la « conscience spirituelle du monde[1] » seule peut expliquer l'extraordinaire

1. Éric Vinson, Sophie Viguier-Vinson, *Jaurès le prophète. Mystique et politique d'un combattant républicain*, Albin Michel, 2014, p. 23.

animation du personnage. Mais de manière symptomatique nous avons complètement oublié ce « vrai Jaurès », nous l'avons coupé en deux en ne retenant de lui que la dimension politique sans plus voir à quel point « le tribun philosophe semble habité par une force spirituelle[1] ». Comment donc « se relier véritablement aujourd'hui aux forces vives qui lui permettaient d'agir et d'espérer[2] » ? Comment impulser une politique nourrie par une telle « conscience spirituelle du monde » ? Il est temps, écrivent encore les deux auteurs, de « lancer un appel à un ressourcement intellectuel, moral, et, osons le mot, spirituel de la laïcité, de la république et du politique[3] ».

Hélas, nous avons tellement voulu séparer le religieux du politique que nous avons indistinctement évacué de notre entreprise politique tout ce qui de près ou de loin ressemblait à ce religieux ou que tout au moins on confond si facilement avec lui. Ainsi toute la vie spirituelle a-t-elle été disqualifiée. Toute la ressource spirituelle a été abandonnée, alors même que, on vient de le voir, c'est seulement par le travail spirituel sur soi qu'on se sépare réellement de la volonté de puissance inhérente au religieux, grâce au vide qu'on fait en soi. C'est donc à partir du travail intérieur seulement qu'on devient démocrate et qu'on fait vivre réellement la République comme le triple « non » de la démocratie dont parlait Jean-Baptiste de Foucauld[4]. Ce « non »,

1. *Ibid.*, p. 24.
2. *Ibid.*
3. *Ibid.*, p. 25.
4. Voir *supra*, p. 38-39.

on l'a vu, est le « non » à toutes les formes d'injustice, d'aliénation à toutes les idéologies dominantes, de fatalisme et de résignation à l'ordre établi, le fameux TINA du libéralisme hégémonique (*There Is No Alternative*).

Or peut-on dire non au-dehors sans savoir d'abord se dire non à soi ? *Peut-on échapper aux tyrans du monde si on n'a pas appris à se libérer du tyran de l'ego ?* On l'a rappelé plus haut, Jean-Jacques Rousseau pensait que seuls des dieux sans ego pourraient vivre démocratiquement. Mais non, cher Jean-Jacques, nul besoin d'être des dieux, il nous suffit d'être des hommes qui ont approfondi leur humanité pour se relier, en eux-mêmes, au Secret de la réalité qui inspire toute Vérité et toute Justice dans l'univers. Le malheur de la modernité, je l'ai écrit ailleurs, est ainsi d'avoir *centré le monde sur un homme décentré*[1]. Avec les droits de l'homme, la démocratie, la civilisation du bien-être, nous avons offert à la vie humaine toutes les conditions extérieures, politiques, sociales, matérielles, de son bonheur. Mais celui-ci persiste à nous fuir dans des sociétés toujours plus désenchantées, parce que nous avons négligé la condition intérieure d'une existence non seulement heureuse mais juste et sage : cet exercice spirituel que l'on évoque ici de mise à distance des illusions et vanités de l'ego.

Y a-t-il cependant tâche plus nécessaire et plus rude que de faire en soi, au cœur, la part du vide ? Combien d'idoles nous en empêchent, qu'on abrite en ce cœur même de soi ? Si je devais dénombrer les étapes ou les

1. Abdennour Bidar, *Comment sortir de la religion*, *op. cit.*

aspects d'une véritable laïcisation de nos âmes, je dirais qu'il y a au moins trois types d'idoles dont il s'agit de se déprendre :

– les *idoles intellectuelles* de nos certitudes figées : convictions acquises par l'expérience, la culture ou de simples préjugés sur la société, sur la morale, sur les valeurs, sur la vérité, sur la vie, sur l'être humain, etc. ;

– les *idoles psychologiques* de nos attachements émotionnels : attachement à telle ou telle bonne ou mauvaise image de soi, à l'estime ou à la mésestime de soi, à tel besoin d'être compris, reconnu, estimé, aimé ou craint, et de se sentir bien ou mal ;

– les *idoles métaphysiques* du moi et du monde : notre invincible certitude que nous sommes cet ego et que ce monde en face de nous est la réalité et non pas un théâtre d'ombres ou la caverne de Platon.

Je termine sur cette croyance en l'existence de notre petit moi, de cet ego qu'on voit séparé du reste de l'univers, extérieur à tout le reste, pour insister à ce sujet sur un point. Nous nous imaginons aisément qu'il est autosuffisant alors qu'il est interdépendant, et cela nous fait croire qu'il peut se permettre d'être égoïste, de penser d'abord à lui puisqu'il est tout seul, alors que *tout son élan vital lui vient de la qualité de ses liens à autrui, à la nature, au vivant*, à l'univers, au Secret suressentiel qui anime les univers – comme je l'ai dit dans *Les Tisserands*[1]. Alain disant que « penser c'est dire non » songeait d'abord à cette capacité à *se dire non à soi-même*, que j'interprète ici

1. Abdennour Bidar, *Les Tisserands*, *op. cit.*

comme « non » au mythe très moderne de l'ego autosuffisant, de l'individu tout-puissant ; « non », au fond, à la vanité de tout ce qui nous encombre mentalement, bien au-delà des idéologies, et « oui », dès lors, à tout ce qui nous désencombre : une vie simple, une conduite humble, une action désintéressée, un souci et un secours d'autrui au lieu de l'égoïsme, la pratique du silence ; l'effort patient et obstiné d'arrachement à nos idoles personnelles, les plus figées en nous, les plus inconscientes, les plus incrustées ; et, au cœur du cœur, ne même pas compter tant sur nos propres efforts pour nous vider mais se confier au Secret suressentiel, au Mystère de la réalité, lui demander de nous vider par son vide ; voir, enfin, que tout est déjà plein de son vide, et ne pas faire de ce vide lui-même une ultime idole.

Conclusion

Certains, à n'en pas douter, s'étonneront qu'un musulman ait ainsi osé s'emparer de ce thème prodigieux du « génie de la France ». D'autres, à n'en pas douter non plus, s'émouvront que je livre de ce génie une vision aussi spirituelle, aussi inséparablement mystique et politique… Et surtout, quel comble, en centrant cette mystique politique sur la laïcité ! Sans doute parlera-t-on là d'un énième « dévoiement » de cette laïcité, du « tournant » ou de la « distorsion théologique » que je prétendrais ici lui faire subir, voire de son « détournement musulman ». Tout est à craindre en ces temps de grande confusion, dans lesquels la parole du philosophe ne s'avance plus guère que comme l'ultime appel de paix – l'ultime obstacle – à la volonté de guerre des uns et des autres.

Je ne répondrai d'avance qu'une chose à ces objections prévisibles, et aux autres, la même que jadis François Mauriac : « […] je suis engagé dans ces problèmes d'en bas, pour des raisons d'en haut[1]. »

---

1. François Mauriac, 1er avril 1954, *Bloc-Notes*, Seuil, 1993, p. 127 ; cité par Régis Debray, *Dieu, un itinéraire*, Odile Jacob, 2001, p. 340.

Table

DU MÊME AUTEUR

Un islam pour notre temps, Seuil, coll. « La Couleur des idées », 2004.

Self islam. Histoire d'un islam personnel, Seuil, coll. « Non conforme », 2006.

L'Islam sans soumission. Pour un existentialisme musulman, Albin Michel, coll. « L'islam des Lumières », 2008 ; rééd. Albin Michel, coll. « Espaces libres », 2012.

L'Islam face à la mort de Dieu. Actualité de Mohammed Iqbal, François Bourin, coll. « L'Actualité », 2010 ; rééd. *L'Islam spirituel de Mohammed Iqbal*, Albin Michel, coll. « Spiritualités vivantes », 2017.

Comment sortir de la religion, La Découverte, coll. « Les Empêcheurs de penser en rond », 2012.

Pour une pédagogie de la laïcité à l'école, préface de Vincent Peillon, La Documentation française, 2012.

Histoire de l'humanisme en Occident, Armand Colin, 2013.

Vivre et faire vivre la laïcité, avec Gérard Delfau, présentation et conclusion par Alain Simon, Éditions universitaires d'Avignon, coll. « Entre-Vues », 2015.

Plaidoyer pour la fraternité, Albin Michel, 2015.

Lettre ouverte au monde musulman, Les Liens qui libèrent, 2015.

Les Rencontres de la laïcité. Laïcité et religion dans la France d'aujourd'hui, Privat, 2016.

Les Tisserands. Réparer ensemble le tissu déchiré du monde, Les Liens qui libèrent, 2016.

Quelles valeurs partager et transmettre aujourd'hui ?, Albin Michel, 2016.

Libérons-nous ! Des chaînes du travail et de la consommation, Les Liens qui libèrent, 2018.

La Reconstruction de la pensée religieuse en Islam, de Mohamed Iqbal, traduit, présenté et annoté par Abdennour Bidar, « Bibliothèque des Idées », NRF Gallimard, 2020.

Révolution spitiruelle !, Almora, 2021.

Composition : IGS-CP
Impression : CPI Bussière en juillet 2021
Éditions Albin Michel
22, rue Huyghens, 75014 Paris
www.albin-michel.fr
ISBN : 978-2-226-46445-3
N° d'édition : 24557-01 – N° d'impression : 2057203
Dépôt légal : août 2021
Imprimé en France